AF635246

Dietrich Bonhoeffer

Der Fastenbegleiter – Nachfolge

Dietrich Bonhoeffer

Der Fastenbegleiter
Nachfolge

benno

Bibliografische Information der Deutschen Nationalbibliothek
Die Deutsche Nationalbibliothek verzeichnet diese Publikation in der Deutschen Nationalbibliografie; detaillierte bibliografische Daten sind im Internet unter http://dnb.d-nb.de abrufbar.

Besuchen Sie uns im Internet:
www.st-benno.de

Gern informieren wir Sie unverbindlich und aktuell
auch in unserem Newsletter zum Verlagsprogramm,
zu Neuerscheinungen und Aktionen.
Einfach anmelden unter www.st-benno.de.

ISBN 978-3-7462-6101-0

© St. Benno Verlag GmbH, Leipzig
Umschlaggestaltung: Ulrike Vetter, Leipzig
Covermotiv: © stock.adobe.com/Aqnus
Zusammenstellung und Nachwort: Dirk Klingner, Leipzig
Gesamtherstellung: Kontext, Dresden (A)

Inhalt

ASCHERMITTWOCH

In der Nachfolge Jesu leben

Und da Jesus vorüberging, sah er Levi,
den Sohn des Alphäus, am Zoll sitzen und sprach
zu ihm: Folge mir nach! Und er stand auf
und folgte ihm nach (Mk 2,14).

Der Ruf in die Nachfolge

> *„Und da Jesus vorüberging, sah er Levi, den Sohn des Alphäus, am Zoll sitzen und sprach zu ihm: Folge mir nach! Und er stand auf und folgte ihm nach"*
> *(Mk. 2,14).*

Der Ruf ergeht, und ohne jede weitere Vermittlung folgt die gehorsame Tat des Gerufenen. Die Antwort des Jüngers ist nicht ein gesprochenes Bekenntnis des Glaubens an Jesus, sondern das gehorsame Tun. Wie ist dieses unmittelbare Gegenüber von Ruf und Gehorsam möglich? Es ist der natürlichen Vernunft überaus anstößig, sie muss sich bemühen, dieses harte Aufeinander zu trennen, es muss etwas dazwischentreten, es muss etwas erklärt werden. Es muss unter allen Umständen eine Vermittlung gefunden werden, eine psychologische, eine historische. Man stellt die törichte Frage, ob nicht der Zöllner Jesus schon vorher gekannt habe und daher bereit gewesen sei, auf seinen Ruf hin zu folgen. Eben hierüber aber schweigt der Text hartnäckig, es liegt ihm ja gerade alles an dem gänzlich unvermittelten Gegenüber von Ruf und Tat. Psychologische Begründungen für die frommen Entscheidungen eines Menschen interessieren ihn nicht.

Warum nicht? Weil es nur eine einzige gültige Begründung für dieses Gegenüber von Ruf und Tat gibt: Jesus Christus selbst. Er ist es, der ruft. Darum folgt der Zöllner. Die unbedingte, unvermittelte und unbegründbare Autorität Jesu wird in dieser Begegnung bezeugt. Nichts geht hier voraus, und es folgt nichts anderes als der Gehorsam des Gerufenen. Dass Jesus der Christus ist, gibt ihm Vollmacht zu rufen und auf sein Wort Gehorsam zu fordern. Jesus ruft in die Nachfolge, nicht als Lehrer und Vorbild, sondern als der Christus, der Sohn Gottes. So wird in diesem kurzen Text Jesus Christus und sein Anspruch auf den Menschen verkündigt, sonst nichts. Kein Lob fällt auf den Jünger, auf sein entschiedenes Christentum. Der Blick soll nicht auf ihn fallen, sondern allein auf den, der ruft, auf seine Vollmacht. Auch nicht ein Weg zum Glauben, zur Nachfolge ist gewiesen, es gibt keinen anderen Weg zum Glauben als den Gehorsam gegen den Ruf Jesu.

DONNERSTAG
NACH ASCHERMITTWOCH

Herausgerufen

Was wird über den Inhalt der Nachfolge gesagt? Folge mir nach, laufe hinter mir her! Das ist alles. Hinter ihm hergehen, das ist etwas schlechthin Inhaltloses. Es ist wahrhaftig kein Lebensprogramm, dessen Verwirklichung sinnvoll erscheinen könnte, kein Ziel, kein Ideal, dem nachgestrebt werden sollte. Es ist gar keine Sache, für die es sich nach menschlicher Meinung verlohnte, irgendetwas oder gar sich selbst einzusetzen. Und was geschieht? Der Gerufene verlässt alles, was er hat, nicht, um damit etwas besonders Wertvolles zu tun, sondern einfach um des Rufes willen, weil er sonst nicht hinter Jesus hergehen kann. Diesem Tun ist an sich nicht der geringste Wert beigemessen. Es bleibt in sich selbst etwas völlig Bedeutungsloses, Unbeachtliches. Die Brücken werden abgebrochen, und es wird einfach vorwärtsgegangen. Man ist herausgerufen und soll „heraustreten" aus der bisherigen Existenz, man soll „existieren" im strengen Sinn des Wortes. Das Alte bleibt zurück, es wird ganz hingegeben. Aus den relativen Sicherungen des Lebens heraus in die völlige Unsicherheit (d. h. in Wahrheit in die absolute Sicherheit und Geborgenheit der Gemeinschaft Jesu); aus dem übersehbaren und Berechenbaren (d. h. dem in Wahrheit ganz Unberechenbaren) in das gänzlich Unübersehbare, Zufällige (d. h. in Wahrheit in das einzig Notwendige und Berechenbare);

aus dem Bereich der endlichen Möglichkeiten (d. h. in Wahrheit der unendlichen Möglichkeiten) in den Bereich der unendlichen Möglichkeiten (d. h. in Wahrheit in die einzig befreiende Wirklichkeit) ist der Jünger geworfen. Das ist wiederum kein allgemeines Gesetz; vielmehr das genaue Gegenteil von aller Gesetzlichkeit. Es ist abermals nichts anderes, als die Bindung an Jesus Christus allein, d. h. gerade die vollkommene Durchbrechung jeder Programmatik, jeder Idealität, jeder Gesetzlichkeit. Darum ist kein weiterer Inhalt möglich, weil Jesus der einzige Inhalt ist. Neben Jesus gibt es hier keine Inhalte mehr. Er selbst ist es.

Der Ruf in die Nachfolge ist also Bindung an die Person Jesu Christi allein, Durchbrechung aller Gesetzlichkeiten durch die Gnade dessen, der ruft. Er ist gnädiger Ruf, gnädiges Gebot. Er ist jenseits der Feindschaft von Gesetz und Evangelium. Christus ruft, der Jünger folgt. Das ist Gnade und Gebot in einem.

„Ich wandle fröhlich, denn ich suche deine Befehle“ (Psalm 119,45).

FREITAG
NACH ASCHERMITTWOCH

Jesus ruft selbst

„Und sie gingen in einen anderen Markt. Es begab sich aber, da sie auf dem Wege waren, sprach einer zu ihm: Ich will dir folgen, wo du hin gehst. Und Jesus sprach zu ihm: Die Füchse haben Gruben, und die Vögel unter dem Himmel haben Nester; aber des Menschen Sohn hat nicht, da er sein Haupt hin lege. Und er sprach zu einem anderen: Folge mir nach! Der sprach aber: Herr, erlaube mir, dass ich zuvor hingehe und meinen Vater begrabe. Aber Jesus sprach zu ihm: Lass die Toten ihre Toten begraben; gehe du aber hin und verkündige das Reich Gottes! Und ein anderer sprach: Herr, ich will dir nachfolgen; aber erlaube mir zuvor, dass ich einen Abschied mache mit denen, die in meinem Hause sind. Jesus aber sprach zu ihm: Wer seine Hand an den Pflug legt und sieht zurück, der ist nicht geschickt zum Reiche Gottes“ (Lk 9,57–62).

Der erste Jünger trägt Jesus die Nachfolge selbst an, er ist nicht gerufen, die Antwort Jesu verweist den Begeisterten darauf, dass er nicht weiß, was er tut. Er kann es gar nicht wissen. Das ist der Sinn der Antwort, in der dem Jünger das Leben mit Jesus in seiner Wirklichkeit gezeigt wird. Hier spricht der, der zum Kreuz geht, dessen ganzes Leben im Apostolikum mit dem einen Wort

„gelitten“ bezeichnet wird. Das kann kein Mensch aus eigner Wahl wollen. Es kann sich keiner selbst rufen, sagt Jesus, und sein Wort bleibt ohne Antwort. Die Kluft zwischen dem freien Angebot der Nachfolge und der wirklichen Nachfolge bleibt aufgerissen.
Wo aber Jesus selbst ruft, da überwindet er auch die tiefste Kluft. Der zweite will seinen Vater begraben, bevor er nachfolgt. Das Gesetz bindet ihn. Er weiß, was er tun will und tun muss. Erst soll das Gesetz erfüllt werden, dann will er folgen. Ein klares Gebot des Gesetzes steht hier zwischen dem Gerufenen und Jesus. Dem tritt der Ruf Jesu mächtig entgegen, gerade jetzt unter keinen Umständen irgendetwas zwischen Jesus und den Gerufenen treten zu lassen, und sei es das Größte und Heiligste, sei es das Gesetz. Gerade jetzt muss es geschehen, dass um Jesu willen das Gesetz, das sich dazwischenstellen wollte, durchbrochen wird; denn es hat zwischen Jesus und dem Gerufenen kein Recht mehr. So stellt sich Jesus hier gegen das Gesetz und gebietet Nachfolge. So redet allein der Christus. Er behält das letzte Wort. Der Andere kann nicht widerstreben. Dieser Ruf, diese Gnade ist unwiderstehlich.

SONNABEND NACH ASCHERMITTWOCH

Bedingungslose Nachfolge

Der dritte versteht die Nachfolge wie der erste als allein von ihm zu leistendes Angebot, als eigenes, selbstgewähltes Lebensprogramm. Er fühlt sich aber im Unterschied zu jenem berechtigt, auch seinerseits Bedingungen zu stellen. Damit verwickelt er sich in einen vollkommenen Widerspruch. Er will sich zu Jesus stellen, aber zugleich stellt er etwas zwischen sich und Jesus: *„Erlaube mir zuvor.“* Er will nachfolgen, aber er will sich selbst die Bedingungen für die Nachfolge schaffen. Die Nachfolge ist ihm eine Möglichkeit, zu deren Verwirklichung die Erfüllung von Bedingungen und Voraussetzungen gehört. So wird die Nachfolge etwas menschlich Einsichtiges und Verständliches. Erst tut man das Eine, und dann das Andere. Es hat alles sein Recht und seine Zeit. Der Jünger selbst stellt sich zur Verfügung, hat aber damit auch das Recht, seine Bedingungen zu stellen. Es ist offenbar, dass in diesem Augenblick Nachfolge aufhört, Nachfolge zu sein. Sie wird zum menschlichen Programm, das ich mir einteile nach meinem Urteil, das ich rational und ethisch rechtfertigen kann. Dieser dritte also will nachfolgen, aber schon indem er es ausspricht, will er nicht mehr nachfolgen. Er hebt durch sein Angebot selbst die Nachfolge auf; denn Nachfolge verträgt keine Bedingungen, die zwischen Jesus und den Gehorsam treten könnten. Dieser dritte gerät also nicht nur mit Jesus, sondern schon mit sich selbst in Widerspruch. Er will nicht, was Jesus will, und er will auch nicht, was er selbst will. Er richtet sich selbst, zerfällt mit sich selbst, und dies alles durch das: *„Erlaube mir zuvor."* Die Antwort Jesu bestätigt ihm im Bilde diesen Zerfall mit sich selbst, der die Nachfolge ausschließt: *„Wer die Hand an den Pflug legt und sieht zurück, der ist nicht geschickt zum Reiche Gottes."*

Nachfolgen heißt, bestimmte Schritte tun. Bereits der erste Schritt, der auf den Ruf hin erfolgt, trennt den Nachfolgenden von seiner bisherigen Existenz. So schafft sich der Ruf in die Nachfolge sofort eine neue Situation. In der alten Situation bleiben und nachfolgen schließt sich aus. Das war zunächst ganz sichtbar so. Der Zöllner musste den Zoll, Petrus die Netze verlassen, um hinter Jesus herzugehen. Es hätte ja nach unserm Verständnis auch damals schon durchaus anders sein können. Jesus hätte dem Zöllner eine neue Gotteserkenntnis vermitteln und ihn in seiner alten Situation lassen können. Wäre Jesus nicht der menschgewordene Sohn Gottes gewesen, so wäre das möglich. Weil aber Jesus der Christus ist, darum musste es von vornherein deutlich werden, dass sein Wort nicht eine Lehre, sondern eine Neuschöpfung der Existenz ist. Es galt, mit Jesus wirklich zu gehen. Wen er rief, dem war damit gesagt, dass für ihn nur noch eine einzige Möglichkeit des Glaubens an Jesus besteht, nämlich die, dass er alles verlässt und mit dem menschgewordenen Sohn Gottes geht.

1. FASTENWOCHE

Seinem Ruf folgen

*Willst du aber zum Leben eingehen,
so halte die Gebote (Mt 19,17).*

1. FASTENSONNTAG

Jesus – der Ruf des Vaters

„Und siehe, einer trat zu ihm und sprach: Guter Meister, was soll ich Gutes tun, dass ich das ewige Leben möge haben? Er aber sprach zu ihm: Was heißest du mich gut? Niemand ist gut denn der einige Gott. Willst du aber zum Leben eingehen, so halte die Gebote. Da sprach er zu ihm: Welche? Jesus aber sprach: „Du sollst nicht töten; du sollst nicht ehebrechen; du sollst nicht stehlen; du sollst nicht falsch Zeugnis geben; ehre Vater und Mutter!" und: „du sollst deinen Nächsten lieben wie dich selbst." Da sprach der Jüngling zu ihm: Das habe ich alles gehalten von meiner Jugend auf; was fehlt mir noch? Jesus sprach zu ihm: Willst du vollkommen sein, so gehe hin, verkaufe was du hast, und gib's den Armen, so wirst du einen Schatz im Himmel haben; und komm und folge mir nach! Da der Jüngling das Wort hörte, ging er betrübt von ihm; denn er hatte viele Güter" (Mt 19,16–22).

Die Frage des Jünglings nach dem ewigen Leben ist die Frage nach dem Heil, sie ist die einzig ernste Frage schlechthin. Aber es ist nicht leicht, diese Frage recht zu stellen. Das zeigt sich daran, dass der Jüngling, der doch offenbar diese Frage meint, im Grunde schon eine ganz andere Frage stellt, ja dass er tatsächlich der Frage ausweicht. Er richtet nämlich seine Frage an den *„guten Meis-*

ter". Er will die Meinung, den Rat, das Urteil des guten Meisters, des großen Lehrers zu dieser Frage hören. Er gibt damit zweierlei zu erkennen: Erstens, ihm ist seine Frage von größter Wichtigkeit, Jesus muss zu ihr etwas Bedeutungsvolles zu sagen haben. Zweitens aber erwartet er von dem guten Meister, dem großen Lehrer wohl eine wesentliche Äußerung, aber doch nicht eine unbedingt verbindliche göttliche Weisung. Die Frage nach dem ewigen Leben ist dem Jüngling eine Frage, über die er mit einem „*guten Meister*" zu sprechen und zu diskutieren wünscht. Aber schon hier stellt sich ihm das Wort Jesu in den Weg: „Was heißest du mich gut? Niemand ist gut denn der einige Gott." Die Frage hat schon sein Herz verraten. Er wollte mit einem guten Rabbi über das ewige Leben reden, jetzt bekommt er zu hören, dass er in Wahrheit mit dieser Frage nicht vor einem guten Meister, sondern vor Gott selbst steht. Er wird also keine Antwort vom Sohne Gottes empfangen, die etwas anderes wäre, als der klare Hinweis auf das Gebot des einigen Gottes. Er wird keine Antwort eines „*guten Meisters*" empfangen, die zu dem offenbaren Willen Gottes noch eine eigene Meinung hinzufügte. Jesus weist auf den allein guten Gott von sich weg und bewährt sich gerade darin als der vollkommene gehorsame Sohn Gottes.

MONTAG
DER 1. FASTENWOCHE

Freiheit der Entscheidung

Der Jüngling weiß ja die Gebote. Aber dies eben ist seine Lage, dass er sich nicht mit ihnen zufriedengeben kann, dass er über sie hinaus will. Seine Frage ist durchschaut als die Frage einer selbsterdachten und selbsterwählten Frömmigkeit. Warum hat der Jüngling nicht genug an dem offenbaren Gebot? Warum tut er, als wüsste er nicht längst die Antwort auf seine Frage? Warum will er Gott beschuldigen, er habe ihn in dieser entscheidenden Frage des Lebens in Unwissenheit gelassen? So ist der Jüngling bereits gefangen und vor Gericht gezogen. Er wird von der unverbindlichen Frage nach dem Heil zurückgerufen zum schlichten Gehorsam gegen die offenbaren Gebote.

Es folgt ein zweiter Fluchtversuch. Der Jüngling antwortet mit einer weiteren Frage: „*Welche*"? In dieser einen Frage steckt der Satan selbst. Hier war ja der einzig mögliche Ausweg für den, der sich gefangen sah. Natürlich weiß der Jüngling die Gebote; aber wer will denn aus der Fülle der Gebote wissen, welches Gebot gerade ihm, gerade jetzt gilt? Die Offenbarung des Gebotes ist vieldeutig, ist unklar, sagt der Jüngling. Er sieht nicht die Gebote, sondern er sieht wiederum nur sich selbst, seine Probleme, seine Konflikte. Vom klaren Gebot Gottes zieht er sich zurück auf die interessante, unbestreitbar menschliche Situation des „ethischen Konflikts". Nicht dies ist daran falsch, dass er diesen Konflikt kennt, sondern dass dieser Konflikt ausgespielt wird gegen die Gebote Gottes. Vielmehr sind die Gebote gerade dazu gegeben, um den ethischen Konflikt zu Ende zu bringen. Der ethische Konflikt als das ethische Urphänomen des Menschen nach dem Fall ist selbst der Widerspruch des Menschen gegen Gott. Die Schlange im Paradies legte diesen Konflikt in das Herz des ersten Menschen. „Sollte Gott gesagt haben?“ Vom klaren Gebot und vom einfältigen kindlichen Gehorsam wird der Mensch losgerissen durch den ethischen Zweifel, durch den Hinweis darauf, dass das Gebot ja noch durchaus der Auslegung und Deutung bedarf. „Sollte Gott gesagt haben?“ Der Mensch selbst soll darüber entscheiden, in der Kraft seines Wissens um Gut und Böse, in Kraft seines Gewissens, was das Gute sei. Das Gebot ist vieldeutig, Gott will, dass der Mensch es deute und auslege und sich in Freiheit entscheide.

DIENSTAG
DER 1. FASTENWOCHE

Befreit zum Kind Gottes werden

Damit ist der Gehorsam gegen das Gebot schon verweigert. An die Stelle des einfältigen Tuns ist ein zwiefältiges Denken getreten. Der Mensch des freien Gewissens rühmt sich gegen das Kind des Gehorsams. Die Berufung auf den ethischen Konflikt ist die Aufsage des Gehorsams. Es ist der Rückzug von der Wirklichkeit Gottes auf das Mögliche des Menschen, vom Glauben auf den Zweifel. So geschieht nun das Unerwartete, dass dieselbe Frage, in der der Jüngling seinen Ungehorsam zu verhüllen sucht, ihn enthüllt als den, der er ist, nämlich als den Menschen unter der Sünde.
Diese Enthüllung vollzieht sich durch die Antwort Jesu. Die offenbaren Gebote Gottes werden genannt. Indem Jesus sie nennt, bestätigt er sie aufs Neue als Gottes Gebote. Abermals ist der Jüngling gestellt. Er hoffte, noch einmal in die Unverbindlichkeit eines Gespräches über ewige Fragen durchbrechen zu können. Er hoffte, Jesus werde ihm eine Lösung des ethischen Konflikts bieten. Stattdessen wird nicht die Frage, sondern er selbst angepackt. Die einzige Antwort auf die Not des ethischen Konflikts ist das Gebot Gottes selbst und damit die Forderung, jetzt nicht mehr zu diskutieren, sondern endlich zu gehorchen. Nur der Teufel hat eine Lösung des ethischen Konflikts anzubieten, und die heißt: Bleibe im Fragen, so bist du frei vom Gehorchen. Jesus zielt

nicht auf das Problem des Jünglings, sondern auf den Jüngling selbst. Er nimmt den von dem Jüngling so todernst genommenen ethischen Konflikt gar nicht ernst. Ernst ist ihm nur eines, nämlich dass der Jüngling endlich das Gebot hört und gehorcht. Gerade dort, wo der ethische Konflikt so ernst genommen sein will, wo er den Menschen quält und knechtet, weil er ihn nicht zur befreienden Tat des Gehorsams kommen lässt, gerade dort enthüllt sich seine ganze Gottlosigkeit, dort muss er in seiner ganzen ungöttlichen Unernsthaftigkeit als definitiver Ungehorsam offenbar werden. Ernst ist allein die gehorsame Tat, die den Konflikt beendet und zerstört, in der wir befreit sind zum Kinde Gottes. Das ist die göttliche Diagnose, die dem Jüngling gestellt wird.

MITTWOCH
DER 1. FASTENWOCHE

Folge mir nach

Zweimal ist der Jüngling nun unter die Wahrheit des Wortes Gottes gestellt. Er kommt um das Gebot Gottes nicht mehr herum. Jawohl, das Gebot ist klar, und man muss ihm gehorchen! Aber – es genügt nicht! *„Das habe ich alles gehalten von meiner Jugend auf, was fehlt mir noch?"* Der Jüngling wird bei dieser Antwort von der Aufrichtigkeit seines Anliegens ebenso überzeugt gewesen sein, wie in allem Vorangegangenen. Eben darin liegt ja sein Trotz gegen Jesus. Er kennt das Gebot, er hat es gehalten, aber er meint, das könne nicht der ganze Wille Gottes sein, es müsse noch etwas dazukommen, etwas Außerordentliches, Einzigartiges. Das will er tun. Das offenbare Gebot Gottes ist unvollkommen, sagt der Jüngling in seiner letzten Flucht vor dem wahren Gebot, in seinem letzten Versuch, bei sich selbst zu bleiben, selbst zu entscheiden über Gut und Böse. Das Gebot wird jetzt bejaht, aber es wird zugleich frontal angegriffen. *„Das habe ich alles gehalten; was fehlt mir noch?"*

Markus fügt an dieser Stelle ein: *„Und Jesus sah ihn an und liebte ihn" (Mk 10,21)*. Jesus erkennt, wie hoffnungslos sich der Jüngling verschlossen hat gegen das lebendige Wort Gottes, wie er mit ganzem Ernst, mit seinem ganzen Wesen wütet gegen das lebendige Gebot, gegen den schlichten Gehorsam. Er will dem Jüngling helfen, er liebte ihn. Darum gibt er ihm die letzte Antwort: *„Willst* *du vollkommen sein, so gehe hin, verkaufe, was du hast, und gib's den Armen, so wirst du einen Schatz im Himmel haben; und komm und folge mir nach!"* – Dreierlei ist in diesen Worten an dem Jüngling zu beachten: Erstens, es ist jetzt Jesus selbst, der gebietet. Jesus, der eben noch den Jüngling von dem guten Meister an den allein guten Gott gewiesen hatte, nimmt nun selbst die Vollmacht in Anspruch, das letzte Wort und Gebot zu sagen. Der Jüngling muss erkennen, dass vor ihm der Sohn Gottes selbst steht. Es war die dem Jüngling verborgene Sohnschaft Jesu, die ihn von sich weg auf den Vater weisen ließ, womit er sich vollkommen mit seinem Vater einte. Es ist dieselbe Einheit, die Jesus jetzt das Gebot des Vaters selbst sprechen lässt. Unmissverständlich klar muss das dem Jüngling werden, als er den Ruf Jesu in die Nachfolge vernimmt. Das ist die Summe aller Gebote, der Jüngling soll in der Gemeinschaft des Christus leben, Christus ist das Ziel der Gebote. Dieser Christus steht ihm jetzt gegenüber und ruft ihn. Es gibt keine Ausflucht mehr in die Unwahrheit des ethischen Konflikts. Das Gebot ist eindeutig: Folge mir nach.

DONNERSTAG DER 1. FASTENWOCHE

Ich rufe dich

Das zweite ist dies: Auch dieser Ruf in die Nachfolge bedarf noch einer Klärung, um unmissverständlich zu sein. [...] Die Nachfolge wäre auch dann noch missverstanden, wenn der Jüngling sie als einen letzten Abschluss seines bisherigen Tuns und Fragens ansehen könnte, als eine Addition des Vorangegangenen, als Ergänzung, Vervollständigung, Vervollkommnung des Bisherigen. Es muss darum zur unmissverständlichen Klärung eine Situation geschaffen werden, die es nicht zulässt, dass man hinter sie wieder zurück kann, [...], und zugleich muss in ihr deutlich werden, dass sie keineswegs nur eine Ergänzung des Bisherigen ist. Diese erforderte Situation wird geschaffen durch die Aufforderung Jesu zur freiwilligen Armut. Sie ist die existenzielle, die seelsorgerliche Seite der Sache. Sie will dem Jüngling helfen, endlich recht zu verstehen und recht gehorsam zu sein. Sie entspringt der Liebe Jesu zu dem Jüngling. Sie ist nur das Zwischenglied zwischen dem bisherigen Weg des Jünglings und der Nachfolge. Aber sie ist – wohlgemerkt – nicht identisch mit der Nachfolge selbst, sie ist nicht einmal der erste Schritt in der Nachfolge, sondern der Gehorsam, in dem Nachfolge erst wirklich werden kann. Erst soll der Jüngling hingehen, alles verkaufen und den Armen geben, und dann kommen und nachfolgen. Das Ziel ist die Nachfolge, der Weg in diesem Falle die freiwillige Armut.

Und das dritte: Jesus nimmt die Frage des Jünglings, was ihm noch fehle, auf. *„Willst du vollkommen sein, ...“*, das könnte den Anschein erwecken, als werde hier tatsächlich von einer Hinzufügung zum Bisherigen geredet. Es ist auch eine Hinzufügung, in deren Inhalt aber bereits die Aufhebung alles Bisherigen beschlossen ist. Der Jüngling ist eben bisher nicht vollkommen; denn er hat das Gebot falsch verstanden und falsch getan. Er kann es jetzt nur recht verstehen und recht tun in der Nachfolge, aber eben auch hier nur, weil Jesus Christus ihn dazu beruft. Indem er die Frage des Jünglings aufnimmt, entwindet er sie ihm. Der Jüngling fragte nach seinem Weg zum ewigen Leben, Jesus antwortet: Ich rufe dich, das ist alles.
Der Jüngling suchte eine Antwort auf seine Frage. Die Antwort heißt: Jesus Christus. Der Jüngling wollte das Wort des guten Meisters hören, nun erkennt er, dass dieses Wort – der Mann, den er fragte, selbst ist. Der Jüngling steht vor Jesus, dem Sohne Gottes, die volle Begegnung ist da. Es gibt nur noch Ja oder Nein, Gehorsam oder Ungehorsam. Die Antwort des Jünglings ist Nein. Traurig ging der Jüngling davon, er sah sich enttäuscht, betrogen um seine Hoffnung, und er kann doch von seiner Vergangenheit nicht lassen. Er hatte viele Güter. Der Ruf in die Nachfolge bekommt auch hier keinen anderen Inhalt als Jesus Christus selbst, die Bindung an ihn, die Gemeinschaft mit ihm. Aber nicht schwärmerische Verehrung eines guten Meisters, sondern Gehorsam gegen den Sohn Gottes ist die Existenz des Nachfolgenden.

FREITAG
DER 1. FASTENWOCHE

Tue was du weißt, so wirst du leben

Diese Geschichte vom reichen Jüngling hat ihre genaue Entsprechung in der Rahmenerzählung zum Gleichnis vom barmherzigen Samariter.

> *„Und siehe, da stand ein Schriftgelehrter auf, versuchte ihn und sprach: Meister, was muss ich tun, dass ich das ewige Leben ererbe? Er aber sprach zu ihm: Wie stehet im Gesetz geschrieben? Wie liesest du? Er antwortete und sprach: ‚Du sollst Gott, deinen Herrn, lieben von ganzem Herzen, von ganzer Seele, von allen Kräften und von ganzem Gemüte und deinen Nächsten als dich selbst.' Er aber sprach zu ihm: Du hast recht geantwortet. Tue das, so wirst du leben. Er aber wollte sich selbst rechtfertigen und sprach zu Jesu: Wer ist denn mein Nächster?" (Lk 10,25–29).*

Die Frage des Schriftgelehrten ist dieselbe wie die des Jünglings. Nur ist hier von vornherein festgestellt, dass es eine versucherische Frage ist. Die Lösung steht für den Versucher schon fest. Sie soll in der Aporie des ethischen Konflikts auslaufen. Jesu Antwort gleicht der an den reichen Jüngling vollkommen. Der Fragende weiß im Grunde die Antwort auf seine Frage, aber indem er noch fragt, obwohl er schon weiß, will er sich dem Gehorsam gegen Gottes Gebot entziehen. Es bleibt für ihn

nur noch die Auskunft: Tue was du weißt, so wirst du leben.
So ist ihm seine erste Position abgewonnen. Es folgt, abermals wie beim Jüngling, die Flucht in den ethischen Konflikt: Wer ist denn mein Nächster? Unzählige Male ist seither dem versucherischen Schriftgelehrten diese Frage gutgläubig und unwissend nachgesprochen worden, sie erfreut sich des Ansehens einer ernsten und vernünftigen Frage eines suchenden Menschen. Aber man hat den Zusammenhang nicht recht gelesen. Die ganze Geschichte vom barmherzigen Samariter ist eine einzige Abwehr und Zerstörung dieser Frage als einer satanischen durch Jesus. Sie ist eine Frage ohne Ende, ohne Antwort. Sie entspringt den *„zerrütteten Sinnen derer, die der Wahrheit beraubt sind"*, *„die die Seuche der Fragen und Wortkriege haben"*. Aus ihr *„entspringt Neid, Hader, Lästerung, böser Argwohn, Schulgezänk" (1 Tim 6,4f.)*. Es ist die Frage der Aufgeblasenen, die *„immerdar lernen und können doch nimmer zur Erkenntnis der Wahrheit kommen"*, *„die den Schein eines gottseligen Wesens haben, aber seine Kraft verleugnen sie" (2 Tim 3,5ff.)*. Sie sind untüchtig zum Glauben, sie fragen so, weil sie *„ein Brandmal im Gewissen haben" (1 Tim 4,2)*, weil sie nicht gehorsam sein wollen dem Worte Gottes.

SONNABEND
DER 1. FASTENWOCHE

Dem Anderen der Nächste sein

Wer ist mein Nächster? Gibt es eine Antwort darauf, ob es mein leiblicher Bruder, mein Volksgenosse, mein Bruder in der Gemeinde oder mein Feind sei? Lässt sich nicht eins wie das andere mit gleichem Recht behaupten und verneinen? Ist nicht das Ende dieser Frage Zwiespalt und Ungehorsam?

Ja, diese Frage ist der Aufruhr gegen Gottes Gebot selbst. Ich will ja gehorsam sein, aber Gott sagt mir nicht, wie ich es kann. Gottes Gebot ist zweideutig, es lässt mich im ewigen Konflikt. Die Frage: Was soll ich tun?, war der erste Betrug. Die Antwort ist: Tue das Gebot, das du weißt. Nicht fragen sollst du, sondern tun. Die Frage: Wer ist denn mein Nächster? ist die letzte Frage der Verzweiflung oder der Selbstsicherheit, in der der Ungehorsam sich rechtfertigt. Die Antwort ist: Du selbst bist der Nächste. Gehe hin und sei gehorsam in der Tat der Liebe. Nächster zu sein, ist nicht eine Qualifikation des Anderen, sondern ist sein Anspruch an mich, sonst nichts. In jedem Augenblick, in jeder Situation bin ich der zum Handeln, zum Gehorsam Geforderte. Es ist buchstäblich keine Zeit dafür übrig, nach einer Qualifikation des Anderen zu fragen. Ich muss handeln und muss gehorchen, ich muss dem Anderen der Nächste sein.

Fragst du abermals erschreckt, ob ich denn nicht vorher wissen und bedenken müsse, wie ich zu handeln habe, – so gibt es darauf nur die Auskunft, dass ich das nicht anders wissen und bedenken kann, als indem ich eben immer schon handle, indem ich mich selbst immer schon als den Geforderten weiß. Was Gehorsam ist, lerne ich allein im Gehorchen, nicht durch Fragen. Erst im Gehorsam erkenne ich die Wahrheit. Aus dem Zwiespalt des Gewissens und der Sünde trifft uns der Ruf Jesu zur Einfalt des Gehorsams. Aber der reiche Jüngling wurde von Jesus in die Gnade der Nachfolge gerufen, der versucherische Schriftgelehrte wird zurückgestoßen ins Gebot.

2. FASTENWOCHE

Seine Verheißungen hören

Seid fröhlich und getrost; es wird euch im Himmel wohl belohnt werden (Mt 5,11).

Mit Jesus auf dem Weg

„Da er aber das Volk sah, ging er auf einen Berg und setzte sich; und seine Jünger traten zu ihm. Und er tat seinen Mund auf, lehrte sie und sprach: Selig sind, die da geistlich arm sind; denn das Himmelreich ist ihr. Selig sind, die da Leid tragen; denn sie sollen getröstet werden. Selig sind die Sanftmütigen; denn sie werden das Erdreich besitzen. Selig sind, die da hungert und dürstet nach der Gerechtigkeit; denn sie sollen satt werden. Selig sind die Barmherzigen; denn sie werden Barmherzigkeit erlangen. Selig sind, die reines Herzens sind; denn sie werden Gott schauen. Selig sind die Friedfertigen; denn sie werden Gottes Kinder heißen. Selig sind, die um Gerechtigkeit willen verfolgt werden; denn das Himmelreich ist ihr. Selig seid ihr, wenn euch die Menschen um meinetwillen schmähen und verfolgen und reden allerlei Übles wider euch, so sie daran lügen“ (Mt 5,1–11).

Das Volk sieht: Da ist Jesus mit seinen Jüngern, die zu ihm getreten sind. Die Jünger – sie gehörten ja selbst noch vor kurzem ganz und gar zur Menge des Volkes. Sie waren wie alle anderen auch. Dann kam der Ruf Jesu; da ließen sie alles zurück und folgten ihm nach. Seitdem gehören sie zu Jesus, ganz und gar. Nun gehen sie mit ihm, leben mit ihm, folgen ihm, wohin er sie auch führt. Es ist an ihnen etwas geschehen, was an den anderen nicht geschah.

Das ist eine äußerst beunruhigende und anstößige Tatsache, die das Volk hier sichtbar vor Augen hat.
Die Jünger sehen: Da ist das Volk, aus dem sie kommen, die verlorenen Schafe vom Hause Israel. Es ist die berufene Gemeinde Gottes. Es ist die Volkskirche. Als sie aus diesem Volk erwählt wurden durch Jesu Ruf, da taten sie, was für die verlorenen Schafe des Hauses Israel das Selbstverständliche und Notwendige ist, sie folgten der Stimme des guten Hirten, denn sie kannten seine Stimme. Sie gehören also gerade mit ihrem Weg diesem Volk zu, sie werden in diesem Volk leben, in es hineingehen und ihm den Ruf Jesu und die Herrlichkeit der Nachfolge predigen. Aber was wird das Ende sein?
Jesus sieht: da sind seine Jünger. Sie sind aus dem Volk heraus sichtbar zu ihm getreten. Jeden einzelnen hat er gerufen. Sie haben auf alles Verzicht getan auf seinen Ruf hin. Nun leben sie in Entbehrung und Mangel, sie sind die Ärmsten unter den Armen, die Angefochtensten unter den Angefochtenen, die Hungrigsten unter den Hungrigen. Sie haben nur ihn. Ja, und mit ihm haben sie in der Welt nichts, gar nichts, aber alles, alles bei Gott. Es ist eine kleine Gemeinde, die er gefunden hat, und es ist eine große Gemeinde, die er sucht, wenn er das Volk ansieht. Jünger und Volk, sie gehören zusammen, die Jünger werden seine Boten sein, sie werden auch hier und dort Hörer und Gläubige finden. Und doch, es wird eine Feindschaft bis ans Ende zwischen ihnen sein. Aller Zorn gegen Gott und sein Wort wird auf seine Jünger fallen und sie werden mit ihm verstoßen sein. Das Kreuz kommt in Sicht. Christus, die Jünger, das Volk – das ist schon das ganze Bild der Leidensgeschichte Jesu und seiner Gemeinde.

MONTAG
DER 2. FASTENWOCHE

Selig seid ihr

Jesus preist seine Jünger selig. Das Volk hört es und ist entsetzt Zeuge dessen, was da geschieht. Was nach Gottes Verheißung dem ganzen Volk Israel gehört, fällt hier der kleinen Gemeinde der von Jesus erwählten Jünger zu. *„Das Himmelreich ist ihr"*. Aber die Jünger und das Volk sind ja darin eins, dass sie alle Gottes berufene Gemeinde sind. So soll die Seligpreisung Jesu allen zur Entscheidung und zum Heil werden. Alle sind gerufen zu sein, was sie in Wahrheit sind. Seliggepriesen werden die Jünger um des Rufes Jesu willen, dem sie gefolgt sind. Seliggepriesen wird das ganze Volk Gottes um der Verheißung willen, die ihm gilt. Aber wird Gottes Volk die Verheißung nun auch im Glauben an Jesus Christus und sein Wort ergreifen oder wird es sich im Unglauben von Christus und seiner Gemeinde scheiden? Das bleibt die Frage.

„Selig sind, die da geistlich arm sind, denn das Himmelreich ist ihr". Mangel haben die Jünger an allen Stücken. Sie sind schlechthin *„arm" (Lk 6,20)*. Keine Sicherheit, kein Besitz, den sie ihr eigen nennen könnten, kein Stück Erde, das sie ihre Heimat nennen dürften, keine irdische Gemeinschaft, der sie ganz gehören dürften. Aber auch keine eigene geistliche Kraft, Erfahrung, Erkenntnis, auf die sie sich berufen, deren sie sich getrösten könnten. Um seinetwillen haben sie das alles verloren. Als sie ihm

nachfolgten, da verloren sie ja sich selbst und damit auch alles, was sie noch reich machen konnte. Nun sind sie arm, so unerfahren, so töricht, dass sie auf nichts mehr hoffen können als auf den, der sie gerufen hat. Jesus kennt ja auch jene anderen, die Vertreter und Prediger der Volksreligion, diese Mächtigen, Angesehenen, die fest gegründet auf der Erde stehen in Volkstum, Zeitgeist, Volksfrömmigkeit unlösbar verwurzelt. Aber nicht zu ihnen, sondern allein zu seinen Jüngern sagt er: Selig, – denn das Himmelreich ist ihr. Über ihnen, die um Jesu willen schlechthin in Verzicht und Mangel leben, bricht das Himmelreich an. Sie sind mitten in der Armut Erben des himmlischen Reiches. Sie haben ihren Schatz tief in der Verborgenheit, sie haben ihn am Kreuz. Das Himmelreich ist ihnen verheißen in sichtbarer Herrlichkeit, und es ist ihnen auch schon geschenkt in der vollkommenen Armut des Kreuzes.

Hier unterscheidet sich Jesu Seligpreisung gänzlich von ihrer Karikatur in der Gestalt politisch-sozialer Programmatik. Auch der Antichrist preist die Armen selig, aber er tut es nicht um des Kreuzes willen, in dem alle Armut beschlossen und selig ist, sondern gerade um der Abwehr des Kreuzes willen durch politisch-soziale Ideologie. Er mag diese Ideologie christlich nennen und wird doch gerade darin zum Feind Christi.

DIENSTAG
DER 2. FASTENWOCHE

Das Leid des Nächsten tragen helfen

„Selig sind die Leidtragenden, denn sie sollen getröstet werden." Mit jeder weiteren Seligpreisung vertieft sich die Kluft zwischen den Jüngern und dem Volk. Immer sichtbarer wird die Jüngerschaft herausgerufen. Die Leidtragenden sind ja die, die im Verzicht auf das, was die Welt Glück und Frieden nennt, zu leben bereit sind, die mit der Welt nicht auf einen Ton gestimmt werden können, die sich der Welt nicht gleichstellen können. Sie tragen Leid über die Welt, ihre Schuld, ihr Schicksal und ihr Glück. Die Welt feiert und sie stehen abseits; die Welt schreit: freut euch des Lebens, und sie trauern. Sie sehen, dass das Schiff, auf dem festlicher Jubel ist, schon leck ist. Die Welt fantasiert von Fortschritt, Kraft, Zukunft, die Jünger wissen um das Ende, das Gericht und die Ankunft des Himmelreiches, für das die Welt so gar nicht geschickt ist. Darum sind die Jünger Fremdlinge in der Welt, lästige Gäste, Friedensstörer, die verworfen werden. Warum muss die Gemeinde Jesu bei so viel Festen des Volkes, in dem sie lebt, draußen stehen? Ob sie ihre Mitmenschen nicht mehr versteht? Ob sie dem Menschenhass und der Menschenverachtung verfallen ist? Keiner versteht seine Mitmenschen besser als die Gemeinde Jesu. Keiner liebt die Mitmenschen mehr als die Jünger Jesu – eben darum stehen sie draußen, eben darum tragen sie Leid.
Es ist bedeutungsvoll und schön, dass Luther das grie-

chische Wort hier mit Leid-Tragen übersetzt. Aufs Tragen nämlich kommt es an. Die Jüngergemeinde schüttelt das Leid nicht ab, als hätte sie nichts damit zu schaffen, sondern sie trägt es. Eben darin ist ihre Verbundenheit mit den Mitmenschen bekundet. Zugleich ist damit gesagt, dass sie das Leid nicht willkürlich sucht, dass sie nicht in eigenwilliger Weltverachtung sich entzieht, sondern trägt, was ihr auferlegt ist und was auf sie fällt um Jesu Christi willen in der Nachfolge. Schließlich aber werden die Jünger von dem Leid auch nicht mürbe gemacht, zerrieben und bitter, so dass sie daran zerbrechen. Sie tragen es vielmehr in der Kraft dessen, der sie trägt. Die Jünger tragen das ihnen auferlegte Leid allein in der Kraft dessen, der am Kreuz alles Leid trägt. Sie stehen als Leidtragende in der Gemeinschaft des Gekreuzigten. Sie stehen als Fremdlinge in der Kraft dessen, der der Welt so fremd war, dass sie ihn kreuzigte. Dies ist ihr Trost, vielmehr dieser ist ihr Trost, ihr Tröster (vgl. Lk 2,25). Die Fremdlingsgemeinde wird getröstet im Kreuz, sie wird getröstet darin, dass sie an den Ort gestoßen wird, an dem der Tröster Israels auf sie wartet. So findet sie ihre wahre Heimat bei dem gekreuzigten Herrn, hier und in Ewigkeit.

MITTWOCH
DER 2. FASTENWOCHE

Gerechtigkeit empfangen

„Selig sind die Sanftmütigen, denn sie werden das Erdreich besitzen.“ Kein eigenes Recht schützt diese Fremdlingsgemeinde in der Welt. Sie beanspruchen es auch nicht, denn das sind die Sanftmütigen, die in Verzicht auf jedes eigene Recht leben um Jesu Christi willen. Schilt man sie, so sind sie still, tut man ihnen Gewalt, so dulden sie es, stößt man sie weg, so weichen sie. Sie prozessieren nicht um ihr Recht, sie machen kein Aufsehen, wenn ihnen Unrecht geschieht. [...] In jedem Wort, in jeder Gebärde wird es offenbar, dass sie nicht auf diese Erde gehören. Lasst ihnen den Himmel, sagt die Welt mitleidig, da gehören sie hin. Aber Jesus sagt: sie sollen das Erdreich besitzen. Diesen Rechtlosen und Ohnmächtigen gehört die Erde. Die sie jetzt besitzen mit Gewalt und Unrecht, sollen sie verlieren, und die hier ganz auf sie Verzicht geleistet haben, die sanftmütig waren bis zum Kreuz, sollen die neue Erde beherrschen. [...] Wenn das Himmelreich herabkommt, dann wird die Gestalt der Erde erneuert werden, und es wird die Erde der Gemeinde Jesu sein. Gott verlässt die Erde nicht. Er hat sie erschaffen. Er hat seinen Sohn auf die Erde gesandt. Er baute seine Gemeinde auf Erden. So ist der Anfang schon in dieser Zeit gemacht. Ein Zeichen ist gegeben. Schon hier ist den Ohnmächtigen ein Stück Erde gegeben, die haben die Kirche, ihre Gemeinschaft, ihre Güter, Brüder und Schwestern – mitten unter Verfol-

gungen bis ans Kreuz. Aber auch Golgatha ist ein Stück Erde. Von Golgatha her, wo der Sanftmütigste starb, soll die Erde neu werden. Wenn das Reich Gottes kommt, dann werden die Sanftmütigen das Erdreich besitzen.

„*Selig sind, die da hungert und dürstet nach der Gerechtigkeit, denn sie sollen satt werden.*" Nicht nur im Verzicht auf das eigene Recht, sondern sogar im Verzicht auf die eigene Gerechtigkeit leben die Nachfolgenden. [...] Sie können Gerechtigkeit nicht anders haben als in Hunger und Durst nach ihr; weder eigene Gerechtigkeit, noch die Gerechtigkeit Gottes auf Erden; sie sehen allezeit auf die zukünftige Gerechtigkeit Gottes, aber sie können sie nicht selbst aufrichten. Die Jesus nachfolgen, werden hungrig und durstig auf dem Weg. Nach Vergebung aller Sünden und völliger Erneuerung tragen sie Verlangen, nach dem Neuwerden der Erde und vollkommener Gerechtigkeit Gottes. Noch deckt der Fluch der Welt diese zu, noch fällt die Sünde der Welt auf sie. Der, dem sie nachfolgen, muss als Verfluchter am Kreuz sterben. Ein verzweifeltes Verlangen nach der Gerechtigkeit ist sein letzter Schrei: mein Gott, mein Gott, warum hast du mich verlassen? Der Jünger aber ist nicht über seinen Meister. Ihm folgen sie nach. Selig sind sie darin, denn ihnen ist verheißen, dass sie satt werden sollen. Gerechtigkeit sollen sie empfangen, nicht nur durchs Ohr, sondern leibliche Sättigung mit Gerechtigkeit soll ihnen widerfahren. Das Brot des wahrhaftigen Lebens sollen sie essen im zukünftigen Abendmahl mit ihrem Herrn. Um dieses zukünftigen Brotes willen sind sie selig; denn sie haben dieses Brot ja schon gegenwärtig. Der das Brot des Lebens ist, ist in all ihrem Hunger unter ihnen.

DONNERSTAG
DER 2. FASTENWOCHE

Barmherzig leben

„Selig sind die Barmherzigen, denn sie werden Barmherzigkeit erlangen." Diese Besitzlosen, diese Fremdlinge, diese Ohnmächtigen, diese Sünder, diese Nachfolger Jesu leben mit ihm nun auch im Verzicht auf die eigene Würde, denn sie sind barmherzig. Sie haben nicht genug an eigener Not, eigenem Mangel, sondern sie machen sich auch noch fremder Not, fremder Niedrigkeit, fremder Schuld teilhaftig. Sie haben eine unwiderstehliche Liebe zu den Geringen, Kranken, Elenden, zu den Erniedrigten und Vergewaltigten, zu den Unrechtleidenden und Ausgestoßenen, zu allem, was sich quält und sorgt; sie suchen die in Sünde und Schuld Geratenen. Keine Not ist zu tief, keine Sünde zu furchtbar, die Barmherzigkeit geht zu ihr ein. Die eigene Ehre schenkt der Barmherzige dem in Schande Geratenen und nimmt dessen Schande auf sich. Er lässt sich finden bei den Zöllnern und Sündern und trägt die Schmach ihrer Gemeinschaft willig. Das höchste Gut des Menschen, die eigene Würde und Ehre, geben sie hin und sind barmherzig. Nur eine Würde und Ehre kennen sie: die Barmherzigkeit ihres Herrn, aus der allein sie leben. Er schämte sich nicht seiner Jünger, er wurde den Menschen ein Bruder, er trug ihre Schande bis zum Tod am Kreuz. Das ist die Barmherzigkeit Jesu, aus der die an ihn Gebundenen allein leben wollen, die Barmherzigkeit des Gekreuzigten. Diese Barmherzigkeit lässt sie alle eigene

Ehre und Würde vergessen und allein die Gemeinschaft der Sünder suchen. Fällt nun Schande auf sie, so sind sie doch selig. Denn sie sollen Barmherzigkeit erlangen. Gott wird sich einst tief zu ihnen herabbeugen und sich ihrer Sünde und Schande annehmen. Gott wird seine Ehre ihnen geben und ihre Unehre selbst von ihnen nehmen. Es wird Gottes Ehre sein, die Schmach der Sünder zu tragen und sie mit seiner Ehre zu kleiden. Selig sind die Barmherzigen, weil sie den Barmherzigen zum Herrn haben.

„Selig sind, die reines Herzens sind, denn sie sollen Gott schauen." Wer ist reines Herzens? Allein der, der sein Herz Jesus ganz hingegeben hat, dass er allein darin herrsche; der sein Herz nicht befleckt durch eigenes Böses, aber auch nicht durch eigenes Gutes. Das reine Herz ist das einfältige Herz des Kindes, das nicht weiß um Gut und Böse, das Herz Adams vor dem Fall, das Herz, in dem nicht das Gewissen, sondern Jesu Wille herrscht. Wer im Verzicht steht auf das eigene Gute und Böse, auf das eigene Herz, wer so in der Buße steht, und allein an Jesus hängt, dessen Herz ist rein durch das Wort Jesu. Reinheit des Herzens steht hier im Gegensatz zu aller äußerlichen Reinheit, zu der selbst die Reinheit der guten Gesinnung noch gehört. Das reine Herz ist rein von Gut und Böse, es gehört ganz und ungeteilt Christus an, es sieht allein auf ihn, der vorangeht. Gott schauen wird allein der, der in diesem Leben allein auf Jesus Christus gesehen hat, den Sohn Gottes. Sein Herz ist frei von befleckenden Bildern, nicht hin- und hergezogen durch die Mannigfaltigkeit eigener Wünsche und Absichten. Es ist ganz im Anschauen Gottes hingenommen. Gott schauen wird der, dessen Herz ein Spiegel des Bildes Jesu Christi geworden ist.

FREITAG
DER 2. FASTENWOCHE

Frieden schaffen

„Selig sind die Friedfertigen, denn sie werden Gottes Kinder heißen." Jesu Nachfolger sind zum Frieden berufen. Als Jesus sie rief, fanden sie ihren Frieden. Jesus ist ihr Friede. Nun sollen sie den Frieden nicht nur haben, sondern auch schaffen. Damit tun sie Verzicht auf Gewalt und Aufruhr. In der Sache Christi ist damit niemals etwas geholfen. Das Reich Christi ist ein Reich des Friedens, und die Gemeinde Christi grüßt sich mit dem Friedensgruß. Die Jünger Jesu halten Frieden, indem sie lieber selbst leiden, als dass sie einem Anderen Leid tun, sie bewahren Gemeinschaft, wo der Andere sie bricht, sie verzichten auf Selbstbehauptung und halten dem Hass und Unrecht stille. So überwinden sie Böses mit Gutem. So sind sie Stifter göttlichen Friedens mitten in einer Welt des Hasses und Krieges. Nirgends aber wird ihr Frieden größer sein als dort, wo sie den Bösen im Frieden begegnen und von ihnen zu leiden bereit sind. Die Friedfertigen werden mit ihrem Herrn das Kreuz tragen; denn am Kreuz wurde der Friede gemacht. Weil sie so in das Friedenswerk Christi hereingezogen sind, berufen zum Werk des Sohnes Gottes, darum werden sie selbst Söhne Gottes genannt werden.

„Selig sind, die um Gerechtigkeit willen verfolgt werden, denn das Himmelreich ist ihr." Es ist hier nicht die Rede von der Gerechtigkeit Gottes, sondern vom Leiden um

einer gerechten Sache, um des gerechten Urteilens und Tuns der Jünger Jesu willen. In Urteil und Tat werden sich die, die Jesus nachfolgen in Verzicht auf Besitz, auf Glück, auf Recht, auf Gerechtigkeit, auf Ehre, auf Gewalt, unterscheiden von der Welt; sie werden der Welt anstößig sein. Darum werden die Jünger um Gerechtigkeit willen verfolgt werden. Nicht Anerkennung, sondern Verwerfung ist der Lohn ihres Wortes und Werkes durch die Welt. Es ist wichtig, dass Jesus seine Jünger auch dort selig preist, wo sie nicht unmittelbar um des Bekenntnisses zu seinem Namen willen, sondern um einer gerechten Sache willen leiden. Es wird ihnen dieselbe Verheißung zuteil wie den Armen. Als die Verfolgten sind sie ja ihnen gleich.

SONNABEND
DER 2. FASTENWOCHE

Gemeinde des Gekreuzigten sein

Hier am Ende der Seligpreisungen entsteht die Frage, welcher Ort dieser Welt einer solchen Gemeinde eigentlich noch bleibt. Es ist deutlich geworden, dass es für sie nur einen Ort gibt, nämlich den, an dem der Allerärmste, Allerangefochtenste, Allersanftmütigste zu finden ist, das Kreuz auf Golgatha. Die Gemeinde der Seliggepriesenen ist die Gemeinde des Gekreuzigten. Mit ihm verlor sie alles und mit ihm fand sie alles. Vom Kreuz her heißt es nun: selig, selig. Nun aber spricht Jesus ganz allein zu denen, die es begreifen können, zu den Jüngern, darum in direkter Anrede: *„Selig seid ihr, wenn euch die Menschen um meinetwillen schmähen und verfolgen und reden allerlei Übles wider euch, so sie daran lügen. Seid fröhlich und getrost; es wird euch im Himmel wohl belohnt werden. Denn also haben sie verfolgt die Propheten, die vor euch gewesen sind.“ „Um meinetwillen“* – die Jünger werden geschmäht, aber getroffen wird Jesus selbst. Auf ihn fällt alles, denn um seinetwillen werden sie geschmäht. Er trägt die Schuld. Das Schmähwort, die tödliche Verfolgung und die üble Nachrede besiegeln die Seligkeit der Jünger in ihrer Gemeinschaft mit Jesus. Es kann ja nicht anders sein, als dass die Welt sich an den sanftmütigen Fremdlingen austobt mit Wort, Gewalt und Verleumdung. Zu bedrohlich, zu laut ist die Stimme dieser Armen und Sanftmütigen, zu geduldig und still ihr

Leiden; zu gewaltig zeugt diese Jüngerschar Jesu durch Armut und Leiden von dem Unrecht der Welt. Das ist tödlich. Während Jesus ruft: selig, selig, schreit die Welt: hinweg, hinweg! Ja, hinweg! Aber wohin? Ins Himmelreich. Seid fröhlich und getrost, es wird euch im Himmel wohl belohnt werden. Da stehen die Armen im Freudensaal. Gott selbst wischt den Weinenden die Tränen der Fremde ab, er speist die Hungrigen mit seinem Abendmahl. Die verwundeten und gemarterten Leiber stehen verklärt da, und statt der Kleider der Sünde und Buße tragen sie das weiße Kleid der ewigen Gerechtigkeit. Aus dieser ewigen Freude dringt schon hier ein Ruf zu der Gemeinde der Nachfolgenden unter dem Kreuz, der Ruf Jesu: selig, selig.

3. FASTENWOCHE

Gemeinde Jesu werden

*Also lasst euer Licht leuchten vor den Leuten,
dass sie eure guten Werke sehen und euren Vater
im Himmel preisen (Mt 5,16).*

Salz der Erde

> *„Ihr seid das Salz der Erde. Wo nun das Salz dumm wird, womit soll man's salzen? Es ist hinfort zu nichts nütze, denn dass man es hinausschütte und lasse es die Leute zertreten. Ihr seid das Licht der Welt. Es kann die Stadt, die auf einem Berge liegt, nicht verborgen sein. Man zündet auch nicht ein Licht an und setzt es unter einen Scheffel, sondern auf einen Leuchter: so leuchtet es denn allen, die im Hause sind. Also lasst euer Licht leuchten vor den Leuten, dass sie eure guten Werke sehen und euren Vater im Himmel preisen" (Mt 5,13–16).*

Die in den Seligpreisungen in die Gnade der Nachfolge des Gekreuzigten Gerufenen sind angeredet. Während die Seliggepriesenen bisher wohl als des Himmelreiches würdig, aber doch offenbar zugleich als für diese Erde ganz und gar Lebensunwerte, Überflüssige erscheinen mussten, werden sie jetzt mit dem Sinnbild des auf Erden unentbehrlichsten Gutes bezeichnet. Sie sind das Salz der Erde. Sie sind das edelste Gut, der höchste Wert, den die Erde besitzt. Ohne sie kann die Erde nicht länger leben. Durch das Salz wird die Erde erhalten, um eben dieser Armen, Unedlen, Schwachen willen, die die Welt verwirft, lebt die Erde. Sie vernichtet ihr eigenes Leben, indem sie die Jünger ausstößt und – o Wunder! – gerade um dieser Verstoßenen willen darf die Erde weiterleben.

Dieses „göttliche Salz“ (Homer) bewährt sich in seiner Wirksamkeit. Es durchwirkt die ganze Erde. Es ist ihre Substanz. So sind die Jünger nicht nur aufs Himmelreich gerichtet, sondern an ihre Erdensendung erinnert. Als die an Jesus allein Gebundenen werden sie an die Erde gewiesen, deren Salz sie sind. Wenn Jesus nicht sich selbst, sondern seine Jünger das Salz nennt, so überträgt er ihnen die Wirksamkeit auf der Erde. Er zieht sie in seine Arbeit hinein. Er bleibt im Volke Israel, den Jüngern aber überträgt er die ganze Erde. Allein dadurch, dass das Salz Salz bleibt, die reinigende, würzende Kraft des Salzes bewahrt, wird die Erde durch das Salz erhalten werden können. Um seiner selbst wie um der Erde willen muss Salz Salz bleiben, muss die Gemeinde der Jünger bleiben, was sie durch Christi Ruf ist. Darin wird ihre wahre Wirksamkeit auf Erden liegen und ihre erhaltende Kraft. Salz soll unverweslich sein und dadurch eine dauernde Kraft der Reinigung. Darum braucht das Alte Testament Salz zum Opfer, darum wird im katholischen Taufritus, dem Kind Salz in den Mund gelegt (Ex 30,35; Ezech 16,4). In der Unverweslichkeit des Salzes liegt die Gewähr der Dauer der Gemeinde.

MONTAG
DER 3. FASTENWOCHE

Licht der Welt

„Ihr seid das Salz" – nicht, ihr sollt das Salz sein! Es ist den Jüngern nicht in ihren Willen gestellt, ob sie Salz sein wollen oder nicht. Es wird auch nicht ein Appell an sie gerichtet, Salz der Erde zu werden. Sondern sie sind es, ob sie wollen oder nicht, in der Kraft des Rufes, der sie getroffen hat. Ihr seid das Salz – nicht: Ihr habt das Salz. Es wäre eine Verkürzung, wollte man mit den Reformatoren die Botschaft der Jünger dem Salz gleichsetzen. Ihre ganze Existenz, sofern sie durch den Ruf Christi in die Nachfolge neu begründet ist, diese Existenz, von der die Seligpreisungen redeten, ist gemeint. Wer vom Ruf Jesu getroffen in seiner Nachfolge steht, ist durch diesen Ruf in seiner ganzen Existenz Salz der Erde.
Die andere Möglichkeit allerdings besteht darin, dass das Salz dumm wird, aufhört Salz zu sein. Es hört auf zu wirken. Dann freilich ist es in der Tat zu nichts mehr gut, als dass es weggeworfen wird. Das ist die Auszeichnung des Salzes. Es muss alles Ding gesalzen werden. Aber das Salz, das dumm wird, kann nie mehr gesalzen werden. Es kann alles, auch der verderbteste Stoff durch Salz gerettet werden, nur das Salz, das dumm wurde, ist hoffnungslos verderbt. Das ist die andere Seite. Das ist das drohende Gericht, das über der Jüngergemeinde steht. Die Erde soll durch die Gemeinde gerettet werden, nur die Gemeinde selbst, die aufhört zu sein, was sie ist,

ist rettungslos verloren. Der Ruf Jesu Christi heißt Salz der Erde sein oder vernichtet werden, nachfolgen oder – der Ruf selbst vernichtet den Gerufenen. Eine nochmalige Möglichkeit der Rettung gibt es nicht. Es kann sie nicht geben.

Nicht nur die unsichtbare Wirksamkeit des Salzes, sondern das sichtbare Leuchten des Lichtes ist der Jüngergemeinde mit dem Ruf Jesu zugesprochen. *„Ihr seid das Licht"* – wiederum nicht: ihr sollt es sein! Der Ruf selbst hat sie dazu gemacht. Es kann nun gar nicht anders sein, sie sind ein Licht, das gesehen wird; wäre es anders, dann wäre der Ruf offenbar nicht bei ihnen. Was für ein unmögliches, unsinniges Ziel wäre es für die Jünger Jesu, für diese Jünger, Licht der Welt werden zu wollen! Sie sind vielmehr schon dazu gemacht durch den Ruf, in der Nachfolge. Wiederum nicht: Ihr habt das Licht, sondern: Ihr seid es! Nicht etwas euch Gegebenes, also etwa eure Predigt ist das Licht, sondern ihr selbst seid es. Derselbe, der von sich in eigentlicher Rede sagt: Ich bin das Licht, sagt zu seinen Jüngern in eigentlicher Rede: Ihr seid das Licht in eurem ganzen Leben, sofern ihr am Ruf bleibt. Weil ihr es denn seid, darum könnt ihr nicht mehr verborgen bleiben, ob ihr es gleich wolltet. Licht scheint, und die Stadt auf dem Berge kann nicht verborgen sein. Sie kann es nicht. Sie ist weithin ins Land sichtbar, sei es nun als feste Stadt oder bewachte Burg, sei es als zerfallene Ruine. Diese Stadt auf dem Berge – welcher Israelit dachte dabei nicht an Jerusalem, die hochgebaute Stadt! – ist die Jüngergemeinde.

DIENSTAG
DER 3. FASTENWOCHE

Das Licht leuchten lassen

Flucht in die Unsichtbarkeit ist Verleugnung des Rufes. Gemeinde Jesu, die unsichtbare Gemeinde sein will, ist keine nachfolgende Gemeinde mehr. „*Man zündet nicht ein Licht an und setzt es unter einen Scheffel, sondern auf einen Leuchter*" – das ist wiederum die andere Möglichkeit, dass das Licht willkürlich verdeckt wird, dass es unter dem Scheffel erlischt, dass der Ruf verleugnet wird. Der Scheffel, unter dem die sichtbare Gemeinde ihr Licht versteckt, kann ebensowohl die Menschenfurcht sein wie eine bewusste Weltförmigkeit um irgendwelcher Zwecke willen – und seien sie missionarischer Art oder entsprängen sie einer missverstandenen Liebe zu den Menschen! [...]
Jesus aber sagt: Lasset euer Licht leuchten vor den Heiden. Es ist ja in jedem Fall das Licht des Rufes Jesu, das da leuchtet. Aber was für ein Licht ist das nun, in dem diese Nachfolger Jesu, diese Jünger der Seligpreisungen leuchten sollen? Was für ein Licht soll von jenem Ort kommen, an dem die Jünger allein ein Anrecht haben? Was hat die Unsichtbarkeit und Verborgenheit des Kreuzes Jesu, unter dem die Jünger stehen, mit dem Licht gemein, das leuchten soll? Sollte nicht aus jener Verborgenheit gerade folgen, dass auch die Jünger in der Verborgenheit und gerade nicht im Licht stehen sollen? Es ist ein böser Sophismus, der aus dem Kreuz Jesu die

Weltförmigkeit der Kirche herleitet. Erkennt nicht der einfältige Hörer ganz deutlich, dass eben gerade dort am Kreuz etwas Außerordentliches sichtbar geworden ist? Oder [...] ist das Kreuz Weltförmigkeit? Ist nicht das Kreuz etwas, was zum Erschrecken der Anderen gerade in aller Dunkelheit unerhört sichtbar wurde? Ist es nicht sichtbar genug, dass Christus verworfen ist und leiden muss, dass sein Leben vor den Toren der Stadt auf dem Schandhügel endet? Ist das Unsichtbarkeit?

In diesem Licht sollen die guten Werke der Jünger gesehen werden. Nicht euch, sondern eure guten Werke sollen sie sehen, sagt Jesus. Was sind diese guten Werke, die in diesem Licht gesehen werden können? Es können ja keine anderen Werke sein als die, die Jesus selbst in ihnen schuf, als er sie rief, als er sie zum Licht der Welt machte unter seinem Kreuz – Armut, Fremdlingschaft, Sanftmut, Friedfertigkeit und zuletzt Verfolgt- und Verworfenwerden und in dem allen eines: das Kreuz Jesu Christi tragen. Das Kreuz ist das seltsame Licht, das da leuchtet, in dem alle diese guten Werke der Jünger allein gesehen werden können. Es ist ja in alldem nicht davon geredet, dass Gott sichtbar wird, sondern dass die *„guten Werke"* gesehen werden und dass die Leute über diesen Werken Gott preisen. Sichtbar wird das Kreuz und sichtbar werden die Werke des Kreuzes, sichtbar wird der Mangel und Verzicht der Seliggepriesenen. Über dem Kreuz und solcher Gemeinde aber kann nicht mehr der Mensch gepriesen werden, sondern allein Gott.

MITTWOCH
DER 3. FASTENWOCHE

Den Nächsten lieben

„Ihr habt gehört, dass zu den Alten gesagt ist: ‚Du sollst nicht töten; wer aber tötet, der soll des Gerichts schuldig sein.' Ich aber sage euch: Wer mit seinem Bruder zürnet, der ist des Gerichts schuldig; wer aber zu seinem Bruder sagt: Racha! der ist des Rats schuldig; wer aber sagt: Du Narr! der ist des höllischen Feuers schuldig. Darum, wenn du deine Gabe auf dem Altar opferst und wirst allda eingedenk, dass dein Bruder etwas wider dich habe, so lass allda vor dem Altar deine Gabe und gehe zuvor hin und versöhne dich mit deinem Bruder, und alsdann komm und opfere deine Gabe. Sei willfährig deinem Widersacher bald, dieweil du noch bei ihm auf dem Wege bist, auf dass dich der Widersacher nicht dermaleinst überantworte dem Richter, und der Richter überantworte dich dem Diener, und werdest in den Kerker geworfen. Ich sage dir wahrlich: Du wirst nicht von dannen herauskommen, bis du auch den letzten Heller bezahlest" (Mt 5,21–26).

Das Gesetz, an das Jesus seine Nachfolger zuerst verweist, verbietet ihnen den Mord und befiehlt ihnen den Bruder. Das Leben des Bruders ist von Gott gesetzt und in Gottes Hand, allein Gott hat Gewalt über Leben und Tod. Der Mörder kann in der Gemeinde Gottes keinen

Raum haben. Er verfällt dem Gericht, das er selbst übt. Dass der Bruder, der so unter den Schutz des göttlichen Gebotes gestellt wird, nicht nur der Bruder in der Gemeinde ist, ergibt sich unzweifelhaft daraus, dass der Nachfolger Jesu sich in seinem Handeln nicht dadurch bestimmen lassen kann, wer der Andere ist, sondern allein durch den, dem er im Gehorsam folgt. Dem Nachfolger Jesu ist der Mord verboten bei der Strafe des göttlichen Gerichts. Das Leben des Bruders ist dem Nachfolger Jesu zur Grenze gesetzt, die nicht durchbrochen werden darf. Eine solche Durchbrechung geschieht aber schon durch den Zorn, es geschieht erst recht durch ein böses Wort, das uns entfährt (Racha), es geschieht schließlich durch die wissentliche Schmähung des Anderen (du Narr). Jeder Zorn richtet sich gegen das Leben des Anderen, er gönnt ihm das Leben nicht, er trachtet nach seiner Vernichtung. Es gibt auch keine Unterscheidung von sogenanntem gerechten Zorn und ungerechtem Zorn. Der Jünger darf den Zorn überhaupt nicht kennen, weil er sich darin an Gott und am Bruder vergeht. Das schnell entfahrene Wort, das wir so leicht nehmen, offenbart, dass wir den Anderen nicht ehren, uns über ihn erheben und also unser Leben höher einschätzen als das seine. Dieses Wort ist ein Schlag nach dem Bruder, ein Stoß nach seinem Herzen. Es soll treffen, verletzen, vernichten. Das wissentliche Schmähwort aber raubt dem Bruder auch in der Öffentlichkeit seine Ehre, will ihn auch bei anderen verächtlich machen, zielt im Hass auf die Vernichtung seiner inneren und äußeren Existenz. Ich vollstrecke Gericht an ihm. Das ist Mord. Der Mörder verfällt dem Gericht.

DONNERSTAG
DER 3. FASTENWOCHE

Sich mit dem Nächsten versöhnen

Wer seinem Bruder zürnt, wer ihm ein böses Wort gibt, wer ihn öffentlich schmäht oder verleumdet, hat als Mörder vor Gott keinen Raum mehr. Er hat sich mit dem Bruder auch von Gott getrennt. Es gibt keinen Zugang mehr für ihn zu Gott. Sein Opfer, sein Gottesdienst, sein Gebet wird Gott nicht gefällig sein können. Für den Nachfolger Jesu kann der Gottesdienst nie mehr, wie für den Rabbinen, vom Dienst am Bruder gelöst werden. Verachtung des Bruders macht den Gottesdienst unwahr und nimmt ihm jede göttliche Verheißung. Der Einzelne wie die Gemeinde, die mit verachtendem oder unversöhntem Herzen vor Gott treten wollen, treiben somit Spiel mit einem Götzen. Solange dem Bruder der Dienst und die Liebe versagt wird, solange er der Verachtung preisgegeben bleibt, solange der Bruder eine Sache gegen mich oder die Gemeinde Jesu haben kann, ebensolange soll das Opfer unangenommen bleiben. Nicht erst mein eigener Zorn, sondern schon die Tatsache, dass ein von mir gekränkter, geschändeter, entehrter Bruder da ist und *„etwas wider mich hat“*, stellt sich zwischen mich und Gott. So prüfe sich die Gemeinde der Jünger Jesu, ob sie sich nicht hier und dort an Brüdern schuldig wissen muss, ob sie der Welt zuliebe nicht mithasste, mitverachtete, mitschmähte und so des Mordes am Bruder schuldig ist. So prüfe sich die Gemeinde Jesu heute, ob nicht in dem

Augenblick, in dem sie zum Gebet und Gottesdienst vor Gott tritt, viele Stimmen anklagend zwischen sie und Gott treten und ihr Gebet verhindern. So prüfe sich die Gemeinde Jesu, ob sie den von der Welt Geschmähten und Entehrten ein Zeichen gegeben hat von der Liebe Jesu, die Leben erhalten, tragen, schützen will. Sonst möchte der korrekteste Gottesdienst, das frömmste Gebet, das tapferste Bekenntnis ihr nicht helfen, sondern müsste gegen sie zeugen, weil sie die Nachfolge Jesu verlassen hat. Gott will sich von unserem Bruder nicht trennen lassen. Er will nicht geehrt sein, wenn ein Bruder entehrt wird. Er ist der Vater. Ja, er ist der Vater Jesu Christi, der unser aller Bruder wurde. Darin liegt der letzte Grund, warum Gott sich nicht mehr vom Bruder trennen lassen will. Sein leiblicher Sohn wurde entehrt, geschmäht, um der Ehre des Vaters willen. Aber der Vater lässt sich nicht von seinem Sohn trennen, nun will er sich auch von denen nicht trennen lassen, denen sein Sohn gleich wurde, um derentwillen sein Sohn Schmach trug. Um der Menschwerdung des Sohnes Gottes willen ist Gottesdienst vom Bruderdienst nicht mehr zu lösen. Wer da sagt, er liebe Gott und hasst doch seinen Bruder, der ist ein Lügner.

[...] Es ist ein schwerer Weg, den Jesus seinem Nachfolger zumutet. Er ist mit viel eigner Demütigung und Schmach verbunden. Aber es ist ja der Weg zu ihm, dem gekreuzigten Bruder, und darum ein gnadenvoller Weg. In Jesus wurde Dienst am geringen Bruder und Gottesdienst eins. Er ging hin und versöhnte sich dem Bruder und brachte dann das eine, wahre Opfer dem Vater, sich selbst.

FREITAG
DER 3. FASTENWOCHE

Eure Rede sei Ja, ja und Nein, nein

„Ihr habt weiter gehört, dass zu den Alten gesagt ist: ‚Du sollst keinen falschen Eid tun und sollst Gott deinen Eid halten.‘ Ich aber sage euch, dass ihr überhaupt nicht schwören sollt, weder bei dem Himmel, denn er ist Gottes Stuhl, noch bei der Erde, denn sie ist seiner Füße Schemel, noch bei Jerusalem, denn sie ist des großen Königs Stadt. Auch sollst du nicht bei deinem Haupt schwören: denn du vermagst nicht, ein einziges Haar weiß oder schwarz zu machen. Eure Rede aber sei: Ja, ja; nein, nein. Was darüber ist, das ist vom Übel“ (Mt 5,33–37).

[...] Der Eid ist der Beweis für die Lüge in der Welt. Könnte der Mensch nicht lügen, so wäre kein Eid notwendig. So ist der Eid zwar ein Damm gegen die Lüge. Aber eben darin fördert er sie auch; denn dort, wo allein der Eid letzte Wahrhaftigkeit beansprucht, ist zugleich der Lüge im Leben Raum gegeben, ist ihr ein gewisses Lebensrecht zugestanden. Das alttestamentliche Gesetz verwirft die Lüge durch den Eid. Jesus aber verwirft die Lüge durch das Verbot des Eides. Es geht hier wie dort um das Eine und Ganze, die Vernichtung der Unwahrheit im Leben der Glaubenden. Der Eid, den das Alte Testament gegen die Lüge stellte, wurde von der Lüge selbst ergriffen und in den Dienst gestellt. Sie vermochte sich noch durch den Eid zu sichern und Recht zu verschaffen. So muss die Lüge von Jesus dort gefasst werden, wohin sie sich flüchtet, im Eid. Darum muss der Eid fallen, weil er zum Schutz der Lüge geworden ist.

Das Attentat der Lüge auf den Eid konnte in doppelter Weise geschehen, so dass sie sich unter dem Eid behauptete (Meineid), oder so, dass sie sich in die Form des Eides selbst hineinstahl. In diesem Fall gebrauchte die Lüge im Eid nicht die Anrufung des lebendigen Gottes, sondern die Anrufung irgendeiner weltlichen oder göttlichen Macht. Ist die Lüge so tief in den Eid eingedrungen, dann kann die völlige Wahrhaftigkeit nur durch Verbot des Eides gewährleistet werden.

Eure Rede sei Ja, ja und Nein, nein. Hierdurch wird das Wort des Jüngers nicht etwa der Verantwortlichkeit vor dem allwissenden Gott entzogen. Vielmehr ist gerade dadurch, dass der Name Gottes nicht ausdrücklich angerufen wird, schlechthin jedes Wort des Jüngers unter die selbstverständliche Gegenwart des allwissenden Gottes gestellt. Weil es überhaupt kein Wort gibt, das nicht vor Gott gesprochen wäre, darum soll der Jünger Jesu nicht schwören. Jedes seiner Worte soll nichts als Wahrheit sein, so dass keines der Bestätigung durch den Schwur bedürfe. Der Schwur stellt ja alle seine anderen Worte ins Dunkel des Zweifelhaften. Darum ist er *„vom Bösen“*. Der Jünger aber soll mit allen seinen Worten Licht sein.

SONNABEND
DER 3. FASTENWOCHE

Wahrhaftig leben

Das Gebot der völligen Wahrhaftigkeit ist nur ein anderes Wort für die Ganzheit der Nachfolge. Nur wer ein in der Nachfolge Gebundener Jesu ist, steht in der völligen Wahrhaftigkeit. Er hat vor seinem Herrn nichts zu verbergen. Er lebt aufgedeckt vor ihm. Er ist von Jesus erkannt, in die Wahrheit gestellt. Er ist als Sünder vor Jesus offenbar. Nicht er hat sich Jesus offenbart, sondern als Jesus sich ihm offenbarte in seinem Ruf, da wusste er sich von Jesus in seiner Sünde offenbart. Völlige Wahrhaftigkeit gibt es nur aus der aufgedeckten Sünde heraus, die auch von Jesus vergeben ist. Wer im Bekenntnis seiner Sünde vor Jesus in der Wahrheit steht, der allein schämt sich nicht der Wahrheit, wo auch immer sie gesagt werden muss. Die Wahrhaftigkeit, die Jesus von seinem Jünger fordert, besteht in der Selbstverleugnung, die die Sünde nicht verdeckt. Es ist alles offenbar und licht.
Weil es in der Wahrhaftigkeit zuletzt und zuerst um die Aufdeckung des Menschen in seinem ganzen Sein, in seinem Bösen vor Gott geht, darum erregt diese Wahrhaftigkeit den Widerspruch der Sünder, darum wird sie verfolgt und gekreuzigt. Die Wahrhaftigkeit des Jüngers hat ihren einzigen Grund in der Nachfolge Jesu, in der er uns am Kreuz unsere Sünde offenbart. Allein das Kreuz als die Wahrheit Gottes über uns macht uns wahrhaftig. Wer das Kreuz kennt, scheut andere Wahrheit nicht mehr.

Wer unter dem Kreuz lebt, für den ist der Eid als Gesetz zur Herstellung der Wahrhaftigkeit abgetan; denn er ist in der vollkommenen Wahrheit Gottes.
Es gibt keine Wahrheit Jesus gegenüber ohne Wahrheit den Menschen gegenüber. Die Lüge zerstört die Gemeinschaft. Wahrheit aber zerschneidet falsche Gemeinschaft und begründet echte Bruderschaft. Es gibt keine Nachfolge Jesu ohne das Leben in der aufgedeckten Wahrheit vor Gott und den Menschen.

4. FASTENWOCHE

Christlich leben

Darum sollt ihr also beten:
Unser Vater in dem Himmel!
Dein Name werde geheiligt (Mt 6,9-15).

4. FASTENSONNTAG

Beten dürfen

„Und wenn du betest, sollst du nicht sein wie die Heuchler, die da gerne stehen und beten in den Schulen und an den Ecken auf den Gassen, auf dass sie von den Leuten gesehen werden. Wahrlich, ich sage euch: Sie haben ihren Lohn dahin. Wenn du aber betest, so gehe in dein Kämmerlein und schließ die Tür zu und bete zu deinem Vater im Verborgenen; und dein Vater, der in das Verborgene sieht, wird dir's vergelten öffentlich. Und wenn ihr betet, sollt ihr nicht viel plappern wie die Heiden; denn sie meinen, sie werden erhört, wenn sie viel Worte machen. Darum sollt ihr euch ihnen nicht gleichstellen. Euer Vater weiß, was ihr bedürfet, ehe denn ihr ihn bittet" (Mt 6,5–8).

Jesus lehrt seine Jünger beten. Was bedeutet das? Dass wir beten dürfen, ist keine Selbstverständlichkeit. Zwar ist das Gebet ein natürliches Bedürfnis des menschlichen Herzens, aber darin hat es noch kein Recht vor Gott. Selbst dort, wo es in fester Zucht und Übung gehalten wird, kann es fruchtlos und ohne Verheißung sein. Die Jünger dürfen beten, weil Jesus es ihnen sagt, der den Vater kennt. Er verheißt ihnen, dass Gott sie erhören wird. So beten die Jünger allein, weil sie in der Gemeinschaft Jesu stehen, in seiner Nachfolge. Wer an Jesus gebunden ist in der Nachfolge, der hat durch ihn den Zugang zum Vater. Damit ist jedes rechte Gebet vermit-

teltes Gebet. Es gibt kein unvermitteltes Beten. Es gibt auch im Gebet keinen unmittelbaren Zugang zum Vater. Nur durch Jesus Christus können wir im Gebet den Vater finden. Die Voraussetzung des Gebetes ist der Glaube, die Bindung an Christus. Er ist der alleinige Mittler unseres Gebetes. Auf sein Wort hin beten wir. So ist unser Gebet immer an sein Wort gebundenes Gebet.
Wir beten zu Gott, an den wir durch Christus glauben. Daher kann unser Gebet niemals eine Beschwörung Gottes sein, wir brauchen uns vor ihm nicht mehr darzustellen. Wir dürfen wissen, dass er weiß, was wir bedürfen, ehe wir darum bitten. Das gibt unserem Gebet größte Zuversicht und fröhliche Gewissheit. Nicht die Formel, nicht die Zahl der Worte, sondern der Glaube fasst Gott bei seinem väterlichen Herzen, das uns längst kennt.
Das rechte Gebet ist nicht ein Werk, eine Übung, eine fromme Haltung, sondern es ist die Bitte des Kindes zum Herzen des Vaters. Darum ist das Gebet niemals demonstrativ, weder vor Gott, noch vor uns selbst, noch vor anderen. Wüsste Gott nicht, was ich bedarf, dann müsste ich darüber reflektieren, wie ich es Gott sage, was ich ihm sage, ob ich es ihm sage. So schließt der Glaube, aus dem ich bete, jede Reflexion, jede Demonstration aus.

MONTAG
DER 4. FASTENWOCHE

Allein auf Gott gerichtet

Das Gebet ist das schlechthin Verborgene. Es ist der Öffentlichkeit in jeder Weise entgegengesetzt. Wer betet, kennt sich selbst nicht mehr, sondern nur noch Gott, den er anruft. Weil das Gebet nicht in die Welt hineinwirkt, sondern allein auf Gott gerichtet ist, ist es das undemonstrativste Handeln schlechthin.

Freilich gibt es auch hier die Verkehrung des Gebetes in die Demonstration, in der das Verborgene ans Licht gebracht wird. Das geschieht nicht nur durch das öffentliche Gebet, das zum Geplapper wird. Es wird heute sehr selten so geschehen. Es ist aber kein Unterschied, ja viel verderblicher, wenn ich mich selbst zum Zuschauer meines Gebetes mache, wenn ich vor mir selbst bete, sei es nun, dass ich als befriedigter Zuschauer diesen Zustand genieße, sei es, dass ich befremdet oder beschämt mich in diesem Zustand ertappe. Die Öffentlichkeit der Straße ist nur eine naivere Form der Öffentlichkeit, die ich mir selbst bereite. Ich kann mir auch in meinem Kämmerlein eine ansehnliche Demonstration veranstalten. Bis dorthin können wir Jesu Wort verzerren. Die Öffentlichkeit, die ich mir suche, besteht dann darin, dass ich zugleich der bin, der betet, wie auch der, der hört. Ich höre mich selbst an, ich erhöre mich selbst. Weil ich auf die Erhörung Gottes nicht warten will, weil ich mir nicht dermaleinst die Erhörung meines Gebets von Gott zeigen lassen will, schaffe ich mir selbst meine Erhörung. Ich stelle fest, dass ich fromm gebetet habe, und in dieser Feststellung liegt die Befriedigung der Erhörung. Mein Gebet ist erhört. Ich habe meinen Lohn dahin. Weil ich mich selbst erhört habe, wird mich Gott nicht erhören, weil ich mir selbst den Lohn der Öffentlichkeit bereitet habe, wird Gott mir keinen Lohn mehr bereiten.

Was ist das Kämmerlein, von dem Jesus redet, wenn ich vor mir selbst nicht sicher bin? Wie soll ich es so fest zuschließen, dass kein Zuhörer die Verborgenheit des Gebetes zerstört und mir den Lohn des verborgenen Gebetes raubt? Wie soll ich mich vor mir selbst schützen? Vor meiner Reflexion? Wie töte ich mit meiner Reflexion die Reflexion? Das Wort ist gefallen: Mein eigner Wille, mit meinem Gebet irgendwie mich selbst durchzusetzen, muss sterben, getötet werden. Wo Jesu Wille allein in mir herrscht und all mein eigner Wille in seinen hingegeben ist, in der Gemeinschaft Jesu, in der Nachfolge, stirbt mein Wille. Dann kann ich beten, dass der Wille dessen geschehe, der weiß, was ich bedarf, ehe ich bitte. Dann allein ist mein Gebet gewiss, stark und rein, wenn es aus dem Willen Jesu kommt. Dann ist Beten auch wirklich Bitten. Das Kind bittet den Vater, den es kennt. Nicht die allgemeine Anbetung, sondern das Bitten ist das Wesen des christlichen Gebets. Das entspricht der Haltung des Menschen vor Gott, dass er mit ausgestreckter Hand den bittet, von dem er weiß, dass er ein väterliches Herz hat.

DIENSTAG
DER 4. FASTENWOCHE

Jesus lehrt das Beten

Wenn auch das rechte Gebet eine verborgene Sache ist, so ist damit gewiss die Gebetsgemeinschaft nicht ausgeschlossen, so deutlich auch ihre Gefahren nun geworden sein mögen. Es kommt zuletzt weder auf die Straße oder auf das Kämmerlein, noch auf kurze oder auf lange Gebete, sei es in der Litanei des Kirchengebets, sei es in dem Seufzen dessen, der nicht weiß, was er beten soll, noch auf den Einzelnen oder auf die Gemeinschaft an, sondern auf die eine Erkenntnis: Euer Vater weiß, was ihr bedürfet. Das richtet das Gebet allein auf Gott aus. Das befreit den Jünger von falscher Werkerei.

> *„Darum sollt ihr also beten: Unser Vater in dem Himmel! Dein Name werde geheiligt. Dein Reich komme. Dein Wille geschehe auf Erden wie im Himmel. Unser täglich Brot gib uns heute. Und vergib uns unsere Schulden, wie wir unsern Schuldigern vergeben. Und führe uns nicht in Versuchung, sondern erlöse uns von dem Übel. Denn dein ist das Reich und die Kraft und die Herrlichkeit in Ewigkeit. Amen. Denn so ihr den Menschen ihre Fehler vergebet, so wird euch euer himmlischer Vater auch vergeben. Wo ihr aber den Menschen ihre Fehler nicht vergebet, so wird euch euer Vater eure Fehler auch nicht vergeben“ (Mt 6,9–15).*

Jesus hat seinen Jüngern nicht nur gesagt, wie sie beten sollen, sondern auch was sie beten sollen. Das Vaterunser ist nicht ein Beispiel für das Gebet der Jünger, sondern so soll gebetet werden, wie es Jesus sie gelehrt hat. Mit diesem Gebet werden sie von Gott erhört werden, das ist gewiss. Das Vaterunser ist das Gebet schlechthin. Alles Beten der Jünger hat in ihm sein Wesen und seine Grenze. Jesus lässt seine Jünger auch hier nicht im Ungewissen, er führt sie mit dem Vaterunser in die vollkommene Klarheit des Gebetes.
„Vater unser, der du bist im Himmel" – gemeinsam rufen die Nachfolgenden ihren himmlischen Vater an, der schon alles weiß, was seine lieben Kinder bedürfen. Zu Brüdern sind sie gemacht durch den Ruf Jesu, der sie verbindet. In Jesus haben sie die Freundlichkeit des Vaters erkannt. Im Namen des Sohnes Gottes dürfen sie Gott ihren Vater nennen. Sie sind auf Erden und ihr Vater ist im Himmel. Er sieht herab auf sie, sie heben ihre Augen auf zu ihm.

MITTWOCH
DER 4. FASTENWOCHE

Sich Gott ganz anvertrauen

„Geheiligt werde dein Name." – Gottes väterlicher Name, wie er den Nachfolgenden in Jesus Christus offenbart ist, soll heilig gehalten sein unter den Jüngern; denn in diesem Namen ist das ganze Evangelium beschlossen. Gott wolle es nicht zulassen, dass sein heiliges Evangelium verdunkelt und verdorben wird durch falsche Lehre und unheiliges Leben. Gott wolle den Jüngern fort und fort seinen heiligen Namen in Jesus Christus offenbar werden lassen. Er leite alle Prediger zur lauteren Verkündigung des seligmachenden Evangeliums. Er wehre den Verführern und bekehre die Feinde seines Namens.

„Dein Reich komme." – In Jesus Christus haben die Nachfolgenden den Anbruch des Reiches Gottes auf Erden erfahren. Hier ist der Satan überwunden, die Macht der Welt, der Sünde und des Todes gebrochen. Noch steht Gottes Reich im Leiden und im Kampf. Die kleine Gemeinde der Herausgerufenen hat daran teilbekommen. Sie stehen unter der Königsherrschaft Gottes in neuer Gerechtigkeit, aber mitten unter Verfolgung. Gott wolle das Reich Jesu Christi auf Erden in seiner Gemeinde wachsen lassen, er wolle den Reichen dieser Welt bald ein Ende bereiten und sein Reich mit Macht und Herrlichkeit herbeiführen.

„Dein Wille geschehe auf Erden wie im Himmel." – In der Gemeinschaft Jesu Christi haben die Nachfolgenden ih-

ren Willen ganz an Gottes Willen hingegeben. Sie beten darum, dass Gottes Wille auf der ganzen Erde geschehen möge. Kein Geschöpf soll ihm widerstreben. Weil aber auch in dem Nachfolgenden noch der böse Wille lebt, der sie aus der Gemeinschaft Jesu herausreißen will, darum beten sie auch, dass Gottes Wille in ihnen täglich mehr zur Herrschaft komme und allen Trotz breche. Zuletzt aber soll alle Welt sich dem Willen Gottes beugen, ihn dankbar anbeten in Not und in Freude. Himmel und Erde sollen Gott unterworfen sein.

Um Gottes Namen, um Gottes Reich, um Gottes Willen sollen die Jünger Jesu vor allem beten. Zwar bedarf Gott dieses Gebetes nicht, aber durch dieses Gebet sollen die Jünger selbst teilbekommen an den himmlischen Gütern, um die sie bitten. Auch dürfen sie durch solches Gebet das Ende schneller herbeiführen helfen.

DONNERSTAG
DER 4. FASTENWOCHE

Gemeinschaft mit Jesus Christus

„Unser täglich Brot gib uns heute.“ Solange die Jünger auf Erden sind, sollen sie sich nicht schämen, von ihrem himmlischen Vater die Güter des leiblichen Lebens zu erbitten. Der die Menschen auf Erden erschaffen hat, will ihren Leib erhalten und behüten. Er will nicht, dass seine Schöpfung verächtlich gemacht werde. Es ist ein gemeinsames Brot, um das die Jünger bitten. Keiner soll es für sich allein haben. Sie bitten auch, dass Gott allen seinen Kindern auf der ganzen Erde das tägliche Brot gebe; denn sie sind ihre Brüder nach dem Leib. Die Jünger wissen, dass das Brot, das aus der Erde wächst, von oben herabkommt und Gottes Gabe allein ist. Darum nehmen sie sich nicht das Brot, sondern sie erbitten es. Weil es Brot von Gott ist, darum kommt es täglich neu. Nicht um Vorrat bitten die Nachfolgenden, sondern um die tägliche Gabe Gottes heute, durch die sie ihr Leben in der Gemeinschaft Jesu fristen können, und über dem sie Gottes milde Güte preisen. [...]

„Vergib uns unsere Schuld, wie wir unseren Schuldigern vergeben.“ Die Erkenntnis ihrer Schuld ist die tägliche Klage der Nachfolgenden. Die in der Gemeinschaft Jesu ohne Sünde leben dürften, sündigen täglich durch allerlei Unglauben, Trägheit zum Gebet, Zuchtlosigkeit des Leibes, durch allerlei Selbstgefälligkeit, Neid, Hass und Ehrgeiz. Darum sollen sie täglich um Gottes Vergebung bitten.

Gott aber will ihre Bitte nur erhören, wenn sie auch einander brüderlich und willig ihre Schuld vergeben. So tragen sie gemeinsam ihre Schuld vor Gott und bitten gemeinsam um Gnade. Gott wolle nicht nur mir meine Schuld, sondern uns unsere Schuld vergeben.

„Führe uns nicht in Versuchung." Vielfältig sind die Versuchungen der Nachfolgenden. Von allen Seiten greift sie der Satan an und will sie zu Fall bringen. Falsche Sicherheit und gottloser Zweifel ficht sie hart an. Die Jünger, die um ihre Schwachheit wissen, fordern die Versuchungen nicht heraus, um an ihnen die Kraft ihres Glaubens zu erweisen. Sie bitten Gott, ihren schwachen Glauben nicht zu versuchen und sie in der Stunde der Anfechtung zu bewahren.

„Sondern erlöse uns von dem Übel." Als letztes sollen die Jünger bitten, von dieser argen Welt einmal erlöst zu werden und das himmlische Reich zu ererben. Es ist die Bitte um ein seliges Ende und um die Rettung der Gemeinde in den letzten Zeiten dieser Welt.

„Denn dein ist das Reich ..." Diese Gewissheit empfangen die Jünger täglich neu aus der Gemeinschaft mit Jesus Christus, in dem die Erfüllung aller ihrer Bitten liegt. In ihm wird Gottes Name geheiligt, in ihm kommt Gottes Reich, in ihm geschieht Gottes Wille. Um seinetwillen wird das leibliche Leben der Jünger erhalten, um seinetwillen empfangen sie Vergebung ihrer Schuld, in seiner Kraft werden sie bewahrt in der Anfechtung, in seiner Kraft werden sie errettet zu ewigem Leben. Sein ist das Reich und die Kraft und die Herrlichkeit in Ewigkeit in der Gemeinschaft des Vaters. Des sind die Jünger gewiss.

FREITAG
DER 4. FASTENWOCHE

Fasten auf dem Weg der Nachfolge

> *„So oft ihr fastet, sollt ihr nicht sauer sehen wie die Heuchler; denn sie verstellen ihr Angesicht, auf dass sie vor den Leuten scheinen mit ihrem Fasten. Wahrlich, ich sage euch: Sie haben ihren Lohn dahin. Wenn du aber fastest, so salbe dein Haupt, und wasche dein Angesicht, auf dass du nicht scheinest vor den Leuten mit deinem Fasten, sondern vor deinem Vater, welcher verborgen ist; und dein Vater, der in das Verborgene sieht, wird dir's vergelten öffentlich" (Mt 6,16–18).*

Jesus setzt als selbstverständlich voraus, dass die Nachfolgenden die fromme Übung des Fastens halten. Zum Leben der Nachfolgenden gehört die strenge Übung in der Enthaltsamkeit. Solche Übungen haben den einzigen Zweck, den Nachfolgenden für den ihm befohlenen Weg und für das ihm befohlene Werk bereiter und freudiger zu machen. Der selbstische und träge Wille, der sich nicht zum Dienst treiben lässt, wird gezüchtigt, das Fleisch wird gedemütigt und gestraft. In der Übung der Enthaltsamkeit wird die Entfremdung meines christlichen Lebens von der Welt deutlich spürbar. Ein Leben, das ganz ohne asketische Übung bleibt, das sich alle Wünsche des Fleisches gönnt, so lange sie [...] „erlaubt" sind, wird sich für den Dienst Christi schwer bereiten.

Das satte Fleisch betet nicht gern und schickt sich nicht zum entsagungsvollen Dienst.
So bedarf das Leben des Jüngers der strengen äußeren Zucht. Nicht als könnte hierdurch der Wille des Fleisches erst gebrochen werden, als geschehe das tägliche Sterben des alten Menschen durch etwas anderes als durch den Glauben an Jesus. Aber eben der Glaubende, der Nachfolgende, dessen Wille gebrochen ist, der an Jesus Christus gestorben ist nach seinem alten Menschen, kennt die Rebellion und den täglichen Stolz seines Fleisches. Er kennt seine Trägheit und Zügellosigkeit und weiß, dass sie die Quelle des Hochmuts ist, der geschlagen werden muss. Das geschieht durch tägliche und außerordentliche Übung der Zucht. Es gilt vom Jünger, dass der Geist willig, aber das Fleisch schwach ist. Darum „wachet und betet". Der Geist erkennt den Weg der Nachfolge und ist bereit, ihn zu gehen, aber das Fleisch ist zu furchtsam, der Weg ist ihm zu beschwerlich, zu unsicher, zu mühsam. So muss der Geist verstummen. Der Geist bejaht das Gebot Jesu zur unbedingten Feindesliebe, aber Fleisch und Blut sind zu stark, so dass es nicht zur Tat wird. So muss das Fleisch in täglicher und außerordentlicher Übung und Zucht erfahren, dass es kein eignes Recht hat. Hierzu hilft die tägliche, geordnete Übung des Gebets, wie auch die tägliche Betrachtung des Wortes Gottes, hierzu hilft allerlei Übung leiblicher Zucht und Enthaltsamkeit.

SONNABEND
DER 4. FASTENWOCHE

Nachfolge führt zur wahren Freiheit

Der Widerstand des Fleisches gegen diese tägliche Demütigung kommt anfangs frontal, später versteckt hinter den Worten des Geistes, d. h. im Namen der evangelischen Freiheit. Wo die evangelische Freiheit vom gesetzlichen Zwang, von Selbstzermarterung und Kasteiung grundsätzlich gegen den rechten evangelischen Gebrauch von Zucht, Übung und Askese ausgespielt wird, wo Zuchtlosigkeit und Unordnung im Gebet, im Umgang mit dem Wort, im leiblichen Leben gerechtfertigt werden im Namen christlicher Freiheit, dort ist der Widerspruch gegen das Wort Jesu offenbar. Dort weiß man nichts mehr von der Weltfremdheit des täglichen Lebens in der Nachfolge, ebensowenig aber von der Freude und nun gerade auch von der wahren Freiheit, die die rechte Übung dem Leben des Jüngers verleiht. Wo immer der Christ erkennt, dass er in seinem Dienst versagt, dass seine Bereitschaft erlahmt, dass er schuldig geworden ist an fremdem Leben, an fremder Schuld, dass seine Freude an Gott ihm ermattet, dass die Kraft zum Gebet nicht mehr da ist, dort wird er den Angriff auf sein Fleisch unternehmen, um sich durch Übung, durch Fasten und Beten (Lk 2,37; 4,2; Mk 9,29; 1 Kor 7,5), zu besserem Dienst zu bereiten. [...]
Askese ist selbstgewähltes Leiden, es ist passio activa, nicht passio passiva, und ebendarin aufs Höchste gefährdet. Askese ist dauernd belauert von dem gottlosen

frommen Wunsch, sich selbst Jesus Christus durch Leiden gleich zu machen. Es schlummert in ihr auch immer schon der Anspruch, an die Stelle des Leidens Christi zu treten, das Werk des Leidens Christi selbst zu vollbringen, nämlich den alten Menschen zu töten. Hier maßt sich die Askese den bitteren und letzten Ernst des Erlösungswerkes Christi an. Hier stellt sie sich mit furchtbarer Härte sichtbar zur Schau. Das freiwillige Leiden, das nur auf Grund des Leidens Christi zu besserem Dienst, zu tieferer Demütigung dienen sollte, wird hier zur grauenvollen Verzerrung des Leidens des Herrn selbst. Nun will es gesehen werden, nun ist es der unbarmherzige lebendige Vorwurf für die Mitmenschen; denn es ist Heilsweg geworden. In solcher „Öffentlichkeit" ist der Lohn wahrhaftig dahin, indem er von Menschen gesucht wird.

„Salbe dein Haupt und wasche dein Angesicht", könnte ja abermals eine Gelegenheit zu noch verfeinertem Genuss oder Selbstruhm sein. Es wäre dann als Verstellung missdeutet. Jesus aber sagt seinen Jüngern, dass sie in den freiwilligen Übungen der Demut ganz demütig bleiben, dass sie sie niemand als Vorwurf oder als Gesetz aufbürden, vielmehr dass sie dafür dankbar und fröhlich werden sollen, im Dienst ihres Herrn bleiben zu dürfen. Nicht das fröhliche Gesicht des Jüngers als ein christlicher Typ ist hier gemeint, sondern die rechte Verborgenheit des christlichen Tuns, die Demut, die um sich selbst nicht weiß, wie das Auge sich nicht selbst sieht, sondern nur den Anderen. Solche Verborgenheit wird einstmals offenbar werden, aber allein durch Gott, niemals durch sich selbst.

5. FASTENWOCHE

Der Gemeinschaft Jesu gewiss sein

Trachtet am ersten nach dem Reich Gottes und nach seiner Gerechtigkeit (Mt 6,33).

5. FASTENSONNTAG

Allein auf Jesus sehen

„Ihr sollt euch nicht Schätze sammeln auf Erden, da sie die Motten und der Rost fressen und da die Diebe nachgraben und stehlen. Sammelt euch aber Schätze im Himmel, da sie weder Motten noch Rost fressen und da die Diebe nicht nachgraben und stehlen. Denn wo euer Schatz ist, da ist auch euer Herz. Das Auge ist des Leibes Licht. Wenn dein Auge einfältig ist, so wird dein ganzer Leib licht sein; ist aber dein Auge ein Schalk, so wird dein ganzer Leib finster sein. Wenn nun das Licht, das in dir ist, Finsternis ist, wie groß wird dann die Finsternis sein! Niemand kann zwei Herren dienen; entweder er wird den einen hassen und den anderen lieben, oder er wird dem einen anhangen und den anderen verachten. Ihr könnt nicht Gott dienen und dem Mammon“ (Mt 6,19–24).

Das Leben des Nachfolgenden bewährt sich darin, dass nichts zwischen Christus und ihn tritt, nicht das Gesetz, nicht die eigene Frömmigkeit, aber auch nicht die Welt. Der Nachfolgende sieht immer nur Christus. Er sieht nicht Christus und das Gesetz, Christus und die Frömmigkeit, Christus und die Welt. Er tritt in diese Reflexion gar nicht ein, sondern er folgt in allem allein Christus. So ist sein Auge einfältig. Es ruht ganz und gar auf dem Licht, das ihm von Christus kommt und hat keine

Finsternis, keine Zweideutigkeit in sich. Wie das Auge einfältig, klar, rein sein muss, damit der Leib im Lichte bleibe, wie Fuß und Hand von nirgends andersher Licht empfangen als vom Auge, wie der Fuß strauchelt und die Hand sich verfehlt, wenn das Auge trübe ist, wie der ganze Leib im Finstern ist, wenn das Auge erlischt, so ist der Nachfolger nur solange im Licht, als er einfältig auf Christus sieht und nicht noch auf dieses oder jenes; so muss das Herz des Jüngers allein auf Christus gerichtet sein. Sieht das Auge etwas anderes als das Wirkliche, so ist der ganze Leib betrogen. Hängt sich das Herz an den Schein der Welt, an die Kreatur statt an den Schöpfer, so ist der Jünger verloren.

Es sind die Güter der Welt, die das Herz des Jüngers Jesu abwenden wollen. Wohin steht das Herz des Jüngers? das ist die Frage. Steht es zu den Gütern der Welt, steht es auch nur zu Christus und den Gütern? Oder steht es zu Christus ganz allein? Das Licht des Leibes ist das Auge, das Licht des Nachfolgenden ist das Herz. Ist das Auge finster, wie finster muss der Leib sein. Ist das Herz finster, wie finster muss es in dem Jünger sein. Das Herz aber wird finster, wenn es sich an die Güter der Welt hängt. Nun mag der Ruf Jesu noch so eindringlich sein, er prallt ab, er findet keinen Eingang in den Menschen, denn das Herz ist verschlossen, es gehört einem Anderen. Wie kein Licht in den Leib dringt, wenn das Auge böse ist, so dringt das Wort Jesu nicht mehr zu dem Jünger, wenn sein Herz sich verschließt. Das Wort ist erstickt, wie das Samenkorn unter den Dornen, *„unter Sorgen, Reichtum und Wollust dieses Lebens“* *(Lk 8,14)*.

MONTAG
DER 5. FASTENWOCHE

Gott über alle Dinge lieben

Die Einfalt des Auges und des Herzens entspricht jener Verborgenheit, die von nichts weiß als von Christi Wort und Ruf, die in der völligen Gemeinschaft mit Christus besteht. Wie geht der Nachfolgende einfältig mit den Gütern der Erde um?
Nicht den Gebrauch der Güter versagt ihnen Jesus. Jesus war Mensch, aß und trank wie seine Jünger. Er hat dadurch den Gebrauch der Güter der Erde gereinigt. Die Güter, die sich unter der Hand verzehren, die zur täglichen Notdurft und Nahrung des leiblichen Lebens dienen, soll der Nachfolgende dankbar gebrauchen.

„Man muss wie Pilger wandeln,
frei, bloß und wahrlich leer;
viel sammeln, halten, handeln
macht unsern Gang nur schwer.
Wer will, der trag sich tot;
wir reisen abgeschieden,
mit wenigem zufrieden;
wir brauchen's nur zur Not"
(Gerhard Tersteegen).

Dazu sind die Güter gegeben, dass sie gebraucht werden; aber nicht dazu, dass sie gesammelt werden. Wie Israel in der Wüste das Manna täglich von Gott empfing

und nicht zu sorgen hatte um Essen und Trinken, und wie das Manna, das von einem Tag für den anderen aufbewahrt wurde, alsbald faulig wurde, so soll der Jünger Jesu täglich das Seine von Gott empfangen; aber indem er es anhäuft zu bleibendem Besitz, verdirbt er die Gabe und sich selbst. Am angesammelten Schatz hängt das Herz. Das angestaute Gut tritt zwischen mich und Gott. Wo mein Schatz ist, da ist mein Vertrauen, meine Sicherheit, mein Trost, mein Gott. Der Schatz ist Abgötterei.
Wo aber verläuft die Grenze zwischen den Gütern, die ich gebrauchen soll, und dem Schatz, den ich nicht haben soll? Kehren wir den Satz um und sagen: woran dein Herz hängt, das ist dein Schatz, dann ist die Antwort schon gegeben. Es kann ein sehr unscheinbarer Schatz sein, auf die Größe kommt es nicht an, auf das Herz allein kommt es an, auf dich. Frage ich aber weiter, wie ich erkenne, woran mein Herz hängt, so ist auch hier die Antwort einfach und klar: Alles, was dich hindert, Gott über alle Dinge zu lieben, was zwischen dich und deinen Gehorsam gegen Jesus tritt, ist der Schatz, an dem dein Herz hängt.

DIENSTAG
DER 5. FASTENWOCHE

Das Herz ganz bei Gott haben

Weil aber des Menschen Herz am Schatz hängt, darum soll der Mensch auch nach Jesu Willen einen Schatz haben, aber nicht auf Erden, wo er in sich zerfällt, sondern im Himmel, wo er bleibt. Die „Schätze" im Himmel, von denen Jesus redet, sind offenbar nicht der Eine Schatz, Jesus selbst, sondern wirklich von den Nachfolgenden gesammelte Schätze. Es ist darin eine große Verheißung ausgesprochen, dass in der Nachfolge Jesu der Jünger himmlische Schätze erwirbt, die nicht vergehen, die auf ihn warten, mit denen er vereinigt werden soll. Was für Schätze können das sein als jenes Außerordentliche, als jenes Verborgene des Jüngerlebens, was für Schätze können es sein, als die Früchte des Leidens Christi, die das Leben der Nachfolgenden trägt?
Hat der Jünger sein Herz ganz bei Gott, dann ist es für ihn klar, dass er nicht zwei Herren dienen kann. Er kann es nicht. Es ist unmöglich in der Nachfolge. Es läge ja nahe, seine christliche Klugheit und Erfahrung gerade darin zu erweisen, dass er es eben doch verstehe, beiden Herren zu dienen, dem Mammon und Gott, dass er jedem sein begrenztes Recht gebe. Warum sollen wir nicht auch gerade als Kinder Gottes fröhliche Kinder dieser Welt sein, die sich an seinen guten Gaben freuen und die ihre Schätze als Segen Gottes empfangen? Gott und Welt, Gott und die Güter sind widereinander, weil Welt

und Güter nach unserem Herzen greifen und erst, indem sie das Herz gewonnen haben, sind, was sie sind. Ohne unser Herz sind Güter und Welt nichts. Sie leben von unserem Herzen. So sind sie wider Gott. Wir können unser Herz nur einem in voller Liebe geben, wir können nur einem Herrn ganz anhangen. Was dieser Liebe entgegensteht, verfällt dem Hass. Es gibt nach Jesu Wort Gott gegenüber nur Liebe oder Hass. Lieben wir Gott nicht, dann hassen wir ihn. Es gibt kein Mittleres. Gott ist so und darin Gott, dass er nur geliebt oder gehasst werden kann. Es gibt hier nur das Entweder-Oder: Entweder du liebst Gott oder du liebst die Güter der Welt. Liebst du die Welt, so hasst du Gott, liebst du Gott, so hasst du die Welt. Ob du das willst, ob du es wissentlich tust, daran liegt gar nichts. Ganz gewiss, du wirst es nicht wollen, du wirst es wohl auch nicht wissen, was du tust; vielmehr willst du das eben nicht, sondern du willst ja gerade beiden Herren dienen. Du willst Gott lieben und die Güter, also du wirst es immer für eine Unwahrheit halten, dass du Gott hasst. Du liebst ihn ja, wie du meinst. Aber eben indem wir Gott lieben und die Güter der Welt auch, ist diese Liebe zu Gott Hass, ist das Auge nicht mehr einfältig, ist das Herz nicht mehr in der Gemeinschaft Jesu. Ob wir das wollen oder nicht, es kann eben nicht anders sein. Ihr könnt nicht zwei Herren dienen, ihr, die ihr in der Nachfolge Jesu steht.

MITTWOCH
DER 5. FASTENWOCHE

Nicht sorgen

„Darum sage ich euch: Sorget nicht für euer Leben, was ihr essen und trinken werdet, auch nicht für euren Leib, was ihr anziehen werdet. Ist nicht das Leben mehr denn die Speise? Und der Leib mehr denn die Kleidung? Sehet die Vögel unter dem Himmel an: Sie säen nicht, sie ernten nicht, sie sammeln nicht in die Scheunen; und euer himmlischer Vater nährt sie doch. Seid ihr denn nicht viel mehr denn sie? Wer ist aber unter euch, der seiner Länge eine Elle zusetzen möge, ob er gleich darum sorget? Und warum sorget ihr für die Kleidung? Schauet die Lilien auf dem Felde, wie sie wachsen: Sie arbeiten nicht, auch spinnen sie nicht. Ich sage euch, dass auch Salomo in aller seiner Herrlichkeit nicht bekleidet gewesen ist wie derselben eins. So denn Gott das Gras auf dem Felde also kleidet, das doch heute steht und morgen in den Ofen geworfen wird: Sollte er das nicht viel mehr euch tun, o ihr Kleingläubigen? Darum sollt ihr nicht sorgen und sagen: Was werden wir essen, was werden wir trinken, womit werden wir uns kleiden? Nach solchem allen trachten die Heiden. Denn euer himmlischer Vater weiß, dass ihr des alles bedürfet. Trachtet am ersten nach dem Reich Gottes und nach seiner Gerechtigkeit, so wird euch solches alles zufallen. Darum sorget nicht für den anderen Morgen;

denn der morgige Tag wird für das Seine sorgen. Es ist genug, dass ein jeglicher Tag seine eigene Plage habe" (Mt 6,25–34).

Sorget nicht! Die Güter spiegeln dem menschlichen Herzen vor, ihm Sicherheit und Sorglosigkeit zu geben; aber in Wahrheit verursachen sie gerade erst die Sorge. Das Herz, das sich an die Güter hängt, empfängt mit ihnen die erstickende Last der Sorge. Die Sorge schafft sich Schätze, und die Schätze schaffen wieder die Sorge. Wir wollen unser Leben durch die Güter sichern, wir wollen durch Sorge sorglos werden; aber in Wahrheit erweist sich das Gegenteil. Die Fesseln, die uns an die Güter binden, die die Güter festhalten, sind selbst – Sorgen.

DONNERSTAG
DER 5. FASTENWOCHE

Alles in Gottes Hand legen

Der Missbrauch der Güter besteht darin, dass wir sie zur Sicherung für den nächsten Tag gebrauchen. Sorge ist immer auf das Morgen gerichtet. Die Güter aber sind in strengstem Sinn allein für das Heute bestimmt. Gerade die Sicherung für den morgigen Tag macht mich heute so unsicher. Es ist genug, dass jeder Tag seine eigene Plage habe. Wer das Morgen ganz in die Hand Gottes legt und heute ganz empfängt, was er zum Leben braucht, der allein ist wahrhaft gesichert. Das tägliche Empfangen macht mich frei vom Morgen. Der Gedanke an das Morgen liefert mich der unendlichen Sorge aus. *„Sorget nicht für den anderen Morgen"* – das ist entweder ein furchtbarer Hohn auf die Armen und Elenden, zu denen Jesus gerade spricht, auf alle die, die – menschlich geredet – morgen verhungern, wenn sie heute nicht sorgen. Es ist entweder ein unerträgliches Gesetz, das der Mensch mit Widerwillen von sich stößt oder aber – es ist die einzigartige Verkündigung des Evangeliums selbst von der Freiheit der Kinder Gottes, die einen Vater im Himmel haben, der ihnen seinen lieben Sohn geschenkt hat. Wie sollte er uns mit ihm nicht alles schenken?

„Sorget nicht für den anderen Morgen" – das ist nicht zu begreifen als Lebensweisheit, als Gesetz. Es ist allein zu begreifen als das Evangelium von Jesus Christus. Nur der Nachfolgende, der Jesus erkannt hat, empfängt aus

diesem Wort die Zusage der Liebe des Vaters Jesu Christi und die Freiheit von allen Dingen. Nicht die Sorge macht den Jünger sorglos, sondern der Glaube an Jesus Christus. Nun weiß er: Wir können gar nicht sorgen (V. 27). Der nächste Tag, die nächste Stunde ist uns gänzlich entnommen. Es ist sinnlos, so zu tun, als könnten wir überhaupt sorgen. Wir können ja an den Zuständen der Welt nichts ändern. Gott allein kann sorgen, weil er die Welt regiert. Weil wir nicht sorgen können, weil wir so völlig ohnmächtig sind, darum sollen wir auch nicht sorgen. Wir maßen uns damit das Regiment Gottes an.

FREITAG
DER 5. FASTENWOCHE

Alles von Gott empfangen

Der Nachfolgende aber weiß auch, dass er nicht nur nicht sorgen kann und darf, sondern dass er auch nicht zu sorgen braucht. Nicht die Sorge, aber auch nicht die Arbeit schafft das tägliche Brot, sondern Gott der Vater. Die Vögel und die Lilien arbeiten und spinnen nicht, und doch werden sie ernährt und gekleidet, sie empfangen täglich das Ihre ohne Sorge. Sie brauchen die Güter der Welt nur zum täglichen Leben, sie sammeln sie nicht, und gerade so preisen sie den Schöpfer, nicht durch ihren Fleiß, ihre Arbeit, ihre Sorge, sondern durch das tägliche, einfältige Empfangen der Gabe, die Gott gibt. So werden Vögel und Lilien zu Exempeln für die Nachfolgenden. Jesus löst den ohne Gott gedachten notwendigen Zusammenhang von Arbeit und Nahrung auf. Er preist das tägliche Brot nicht als den Lohn der Arbeit, sondern er spricht von der sorglosen Einfalt dessen, der in Jesu Wegen geht und alles von Gott empfängt.

„Nun arbeitet kein Tier um seine Nahrung, sondern ein jegliches hat sein Werk, darnach sucht's und findet seine Speise. Das Vöglein fliegt und singet, machet Nester und zeuget Junge; das ist seine Arbeit, aber davon nähret sich's nicht. Ochsen pflügen, Pferde tragen und streiten, Schafe geben Wolle, Milch, Käse, das ist ihre Arbeit; aber davon nähren sie sich nicht; sondern die Erde trägt Gras und nährt sie durch Gottes Segen. Also soll und muss der Mensch auch arbeiten und etwas tun, aber doch daneben wissen, dass ein Anderer sei, der ihn ernähre, denn seine Arbeit, nämlich Gottes reicher Segen; wiewohl es scheinet, als nähre ihn seine Arbeit, weil Gott ohne seine Arbeit ihm nichts gibt. Wiewohl das Vöglein nicht säet noch erntet, aber doch müsste Hungers sterben, wo es nicht nach der Speise flöge und suchte. Dass es aber Speise findet, ist nicht seine Arbeit, sondern Gottes Güte. Denn wer hat Speise dahingelegt, dass es sie findet? Denn wo Gott nicht hinlegt, da findet niemand nichts, und sollt sich alle Welt zu Tod arbeiten und suchen“ (Martin Luther).

Wenn aber Vögel und Lilien vom Schöpfer erhalten werden, sollte der Vater nicht vielmehr seine Kinder ernähren, die ihn täglich darum bitten, sollte er ihnen nicht geben können, was sie zur Notdurft ihres Lebens täglich brauchen, er, dem alle Güter der Erde gehören und der sie verteilen kann nach seinem Wohlgefallen? „Gott gebe mir nun jeden Tag, soviel ich darf zum Leben, er gibt's den Vögeln auf dem Dach, wie sollt er's mir nicht geben?“ (Matthias Claudius).

SONNABEND
DER 5. FASTENWOCHE

Nach dem Reich Gottes trachten

Sorge ist Sache der Heiden, die nicht glauben, die sich auf ihre Kraft und Arbeit verlassen, aber nicht auf Gott. Heiden sind die Sorgenden darum, weil sie nicht wissen, dass der Vater weiß, dass wir des alles bedürfen. Darum wollen sie selbst tun, was sie von Gott nicht erwarten. Für den Nachfolgenden aber gilt: *„Trachtet zuerst nach dem Reich Gottes und nach seiner Gerechtigkeit, so wird euch solches alles zufallen."* Damit ist deutlich gemacht, dass Sorge für Essen und Kleidung noch nicht Sorge für das Reich Gottes ist, wie wir es gern verstehen möchten, als sei Erfüllung unserer Arbeit für unsere Familie und uns, als sei unsere Sorge um Brot und Wohnung schon das Trachten nach dem Reich Gottes, als vollzöge dieses sich nur innerhalb jener Sorgen. Das Reich Gottes und seine Gerechtigkeit ist hier etwas von dem, was uns an Gaben der Welt zufallen soll, ganz und gar Unterschiedenes. Es ist nichts anderes als die Gerechtigkeit, von der Matthäus 5 und 6 gesprochen wurde, die Gerechtigkeit des Kreuzes Christi und der Nachfolge unter dem Kreuz. Die Gemeinschaft Jesu und der Gehorsam gegen sein Gebot kommt zuerst, alles andere folgt nach. Es ist kein Ineinander, sondern ein Nacheinander. Vor den Sorgen um unser Leben, um Essen und Kleidung, um Beruf und Familie steht das Trachten nach der Gerechtigkeit Christi. Es ist hier nur die äußerste Zusammenfassung dessen gegeben, was schon gesagt war. Auch dieses Wort Jesu ist entweder eine unerträgliche Last, eine unmögliche Vernichtung der menschlichen Existenz der Armen und Elenden – oder aber es ist das Evangelium selbst, das ganz froh und ganz frei macht. Nicht von dem, was der Mensch soll und nicht kann, spricht Jesus, sondern von dem, was Gott uns geschenkt hat und noch verheißt. Ist Christus uns geschenkt, sind wir in seine Nachfolge berufen, so ist uns mit ihm alles, wirklich alles geschenkt. Es wird uns alles andere zufallen. Wer in der Nachfolge Jesu allein auf Seine Gerechtigkeit blickt, der ist in der Hand und Hut Jesu Christi und seines Vaters, und wer so in der Gemeinschaft des Vaters ist, dem kann nichts geschehen, der kann auch nicht mehr zweifeln, dass der Vater seine Kinder wohl ernähren kann und nicht hungern lassen wird. Gott wird zur rechten Stunde helfen. Er weiß, was wir bedürfen.

Der Nachfolger Jesu wird noch nach langer Jüngerschaft auf die Frage des Herrn: „Habt ihr auch je Mangel gehabt?“ antworten: „Herr, niemals!“ Wie sollte der auch Mangel haben, der in Hunger und Blöße, in Verfolgung und Gefahr der Gemeinschaft Jesu Christi gewiss ist?

KARWOCHE

Mit Gott versöhnt

Siehe, die Stunde ist hier,
dass des Menschen Sohn
in der Sünder Hände überantwortet wird
(Mt 26, 45b).

Auf dem Weg zum Kreuz

„Und er hob an, sie zu lehren: Des Menschen Sohn muss viel leiden und verworfen werden von den Ältesten und Hohenpriestern und Schriftgelehrten und getötet werden und über drei Tage auferstehen. Und er redete das Wort frei offenbar. Und Petrus nahm ihn zu sich, fing an, ihm zu wehren. Er aber wandte sich um und sah seine Jünger an und bedrohte Petrus und sprach: Gehe hinter mich, du Satan! denn du meinst nicht, was göttlich, sondern was menschlich ist. Und er rief zu sich das Volk samt seinen Jüngern und sprach zu ihnen: Wer mir will nachfolgen, der verleugne sich selbst und nehme sein Kreuz auf sich und folge mir nach. Denn wer sein Leben will behalten, der wird es verlieren; und wer sein Leben verliert um meinet- und des Evangeliums willen, der wird's behalten. Was hülfe es dem Menschen, wenn er die ganze Welt gewönne und nähme an seiner Seele Schaden? Oder was kann der Mensch geben, damit er seine Seele löse? Wer sich aber mein und meiner Worte schämt unter diesem ehebrecherischen und sündigen Geschlecht, des wird sich auch des Menschen Sohn schämen, wenn er kommen wird in der Herrlichkeit seines Vaters mit den heiligen Engeln" (Mk 8,31–38).

Der Ruf in die Nachfolge steht hier im Zusammenhang mit der Leidensverkündigung Jesu. Jesus Christus muss leiden und verworfen werden. Es ist das Muss der Verheißung Gottes, auf dass die Schrift erfüllet werde. Leiden und Verworfenwerden ist nicht dasselbe. Jesus konnte ja der im Leiden noch gefeierte Christus sein. Auf dem Leiden könnte ja noch das ganze Mitleid und die Bewunderung der Welt liegen. Das Leiden könnte als tragisches noch in sich selbst eigenen Wert, eigene Ehre und Würde tragen. Jesus ist aber der im Leiden verworfene Christus. Das Verworfenwerden nimmt dem Leiden jede Würde und Ehre. Es soll ein ehrloses Leiden sein. Leiden und Verworfenwerden sind der zusammenfassende Ausdruck für das Kreuz Jesu. Kreuzestod heißt als Verworfener, Ausgestoßener leiden und sterben. Jesus muss leiden und verworfen werden kraft göttlicher Notwendigkeit. Jeder Versuch, das Notwendige zu verhindern, ist satanisch. Selbst oder gerade dort, wo er aus dem Kreis der Jünger kommt; denn er will Christus nicht Christus sein lassen. Dass es Petrus, der Fels der Kirche, ist, der sich hier schuldig macht unmittelbar nach seinem Bekenntnis zu Jesus Christus und nach seiner Einsetzung durch ihn, besagt, dass die Kirche von Anbeginn an selbst an dem leidenden Christus Anstoß nimmt. Sie will einen solchen Herrn nicht, und sie will sich als Kirche Christi nicht das Gesetz des Leidens durch ihren Herrn aufzwingen lassen. Der Einspruch des Petrus ist sein Unwille, sich zum Leiden zu schicken. Damit ist der Satan in die Kirche gefahren. Er will sie vom Kreuz ihres Herrn losreißen.

MONTAG
DER KARWOCHE

Nur Christus kennen

So ist für Jesus die Notwendigkeit gegeben, das Muss des Leidens nun auch klar und eindeutig auf seine Jünger zu beziehen. Wie Christus nur Christus ist als der leidende und verworfene, so ist der Jünger nur Jünger als der leidende und verworfene, als der mitgekreuzigte. Die Nachfolge als die Bindung an die Person Jesu Christi stellt den Nachfolgenden unter das Gesetz Christi, d. h. unter das Kreuz.

Die Mitteilung dieser unveräußerlichen Wahrheit an die Jünger aber beginnt nun merkwürdigerweise damit, dass Jesus seine Jünger noch einmal ganz freigibt. *„Wenn einer mir nachfolgen will"* – sagt Jesus. Es ist ja keine Selbstverständlichkeit, nicht einmal unter den Jüngern. Es kann ja keiner gezwungen werden, es kann ja nicht einmal von irgendeinem erwartet werden, vielmehr: *„Wenn einer"*, allen anderen Angeboten, die an ihn herantreten, zum Trotz nachfolgen will –. Noch einmal ist alles auf die Entscheidung gestellt, mitten in der Nachfolge, in der die Jünger stehen, wird noch einmal alles abgebrochen, alles offengelassen, nichts erwartet, nichts erzwungen. So einschneidend ist das, was jetzt gesagt werden soll. Also noch einmal, bevor das Gesetz der Nachfolge verkündigt wird, müssen sich selbst die Jünger freigeben lassen.

„Wenn einer mir nachfolgen will, der verleugne sich selbst". Wie Petrus in der Verleugnung Christi sagte: ich kenne

diesen Menschen nicht, so soll der Nachfolgende nun zu sich selbst sagen. Selbstverleugnung kann niemals aufgehen in einer noch so großen Fülle einzelner Akte der Selbstzermarterung oder asketischen Übungen; es heißt nicht Selbstmord, weil auch hier noch der Eigenwille des Menschen sich durchsetzen kann. Selbstverleugnung heißt, nur Christus kennen, nicht mehr sich selbst, nur noch ihn sehen, der vorangeht, und nicht mehr den Weg, der uns zu schwer ist. Selbstverleugnung sagt wiederum nur: Er geht voran, halte dich fest an ihn.

„*– und nehme sein Kreuz auf sich*". Es ist die Gnade Jesu, dass er seine Jünger auf dieses Wort vorbereitet hat durch das Wort von der Selbstverleugnung. Haben wir uns wirklich ganz vergessen, kennen wir uns selbst nicht mehr, dann allein können wir bereit sein, das Kreuz zu tragen um seinetwillen. Kennen wir nur noch ihn, dann kennen wir auch die Schmerzen unseres Kreuzes nicht mehr, dann sehen wir ja nur noch ihn. Hätte uns Jesus nicht so freundlich vorbereitet auf dieses Wort, so könnten wir es nicht tragen. So aber hat er uns instandgesetzt, auch dieses harte Wort als Gnade zu vernehmen. Es trifft uns an in der Freude der Nachfolge und bestärkt uns in ihr.

DIENSTAG DER KARWOCHE

Der Ernst der Nachfolge

Kreuz ist nicht Ungemach und schweres Schicksal, sondern es ist das Leiden, das uns aus der Bindung an Jesus Christus allein erwächst. Kreuz ist nicht zufälliges, sondern notwendiges Leiden. Kreuz ist nicht an die natürliche Existenz gebundenes Leiden, sondern an das Christsein gebundenes Leiden. Kreuz ist überhaupt nicht nur wesentlich Leiden, sondern Leiden und Verworfenwerden, und auch hier streng genommen, um Jesu Christi willen verworfen werden, nicht um irgendeines anderen Verhaltens oder Bekenntnisses willen. Eine Christlichkeit, die die Nachfolge nicht mehr ernst nahm, die aus dem Evangelium allein den billigen Glaubenstrost gemacht hatte und für die im Übrigen natürliche und christliche Existenz ungeschieden ineinander lag, musste das Kreuz als das tägliche Ungemach, als die Not und Angst unseres natürlichen Lebens verstehen. Hier war vergessen, dass Kreuz immer zugleich Verworfensein bedeutet, dass die Schmach des Leidens zum Kreuz gehört. Im Leiden ausgestoßen, verachtet und verlassen zu sein von den Menschen, wie es die nicht endenwollende Klage des Psalmisten ist, dieses wesentliche Merkmal des Kreuzesleidens kann eine Christlichkeit nicht mehr begreifen, die bürgerliche und christliche Existenz nicht zu unterscheiden weiß. Kreuz ist Mitleiden mit Christus, Christusleiden. Allein die Bindung an Christus, wie sie in der Nachfolge geschieht, steht ernstlich unter dem Kreuz.

„– der hebe sein Kreuz auf“ – es liegt schon bereit, von Anfang an, er braucht es nur aufzuheben. Damit aber keiner meine, er müsse sich selbst irgendein Kreuz suchen, er müsse willkürlich ein Leiden aufsuchen, sagt Jesus, es sei einem jeden sein Kreuz schon bereit, ihm von Gott bestimmt und zugemessen. Er soll das ihm verordnete Maß von Leiden und Verworfensein tragen. Es ist für jeden ein anderes Maß. Den einen würdigt Gott großer Leiden, er schenkt ihm die Gnade des Martyriums, den anderen lässt er nicht über seine Kraft versucht werden. Doch ist es das Eine Kreuz.

Jedem Christen wird es auferlegt. Das erste Christusleiden, das jeder erfahren muss, ist der Ruf, der uns aus den Bindungen dieser Welt herausruft. Es ist das Sterben des alten Menschen in der Begegnung mit Jesus Christus. Wer in die Nachfolge eintritt, gibt sich in den Tod Jesu, er setzt sein Leben ins Sterben, das ist von Anfang an so; das Kreuz ist nicht das schreckliche Ende eines frommen glücklichen Lebens, sondern es steht am Anfang der Gemeinschaft mit Jesus Christus.

MITTWOCH
DER KARWOCHE

Von Jesus getragen

Jeder Ruf Christi führt in den Tod. Ob wir mit den ersten Jüngern Haus und Beruf verlassen müssen, um ihm zu folgen, oder ob wir mit Luther aus dem Kloster in den weltlichen Beruf hineingehen, es wartet in beidem der eine Tod auf uns, der Tod an Jesus Christus, das Absterben unseres alten Menschen an dem Rufe Jesu. Weil der Ruf Jesu an den reichen Jüngling ihm den Tod bringt, weil er nur als einer, der seinem eigenen Willen abgestorben ist, folgen kann, weil jedes Gebot Jesu uns sterben heißt mit allen unseren Wünschen und Begierden, und weil wir unseren eigenen Tod nicht wollen können, darum muss Jesus Christus in seinem Wort unser Tod und unser Leben sein. Der Ruf in die Nachfolge Jesu, die Taufe auf den Namen Jesu Christi ist Tod und Leben. Der Ruf Christi, die Taufe, stellt den Christen in den täglichen Kampf gegen Sünde und Teufel. So bringt jeder Tag mit seiner Anfechtung durch Fleisch und Welt neue Leiden Jesu Christi über den Jünger. Die Wunden, die hier geschlagen werden und die Narben, die ein Christ aus diesem Kampf davonträgt, sind lebendige Zeichen der Kreuzesgemeinschaft mit Jesus.
Aber noch ein anderes Leiden und eine andere Entehrung bleibt keinem Christen erspart. Zwar ist allein Christi eigenes Leiden Versöhnungsleiden, aber weil Christus um der Sünde der Welt willen gelitten hat, weil auf ihn

alle Last der Schuld fiel und weil Jesus Christus seinen Nachfolgern die Frucht seines Leidens zueignet, darum fällt auch auf den Jünger die Anfechtung und die Sünde, sie bedeckt ihn mit lauter Schande und stößt ihn wie den Sündenbock aus den Toren der Stadt. So wird der Christ zum Träger von Sünde und Schuld für andere Menschen. Er müsste darunter zusammenbrechen, wenn er nicht selbst von dem getragen wäre, der alle Sünden trug. So aber kann er in der Kraft des Leidens Christi die Sünden, die auf ihn fallen, überwinden, indem er sie vergibt. Der Christ wird zum Lastträger, – *„einer trage des andern Last, so werdet ihr das Gesetz Christi erfüllen" (Gal 6,2)*. Wie Christus unsere Last trägt, so sollen wir die Last der Brüder tragen; das Gesetz Christi, das erfüllt werden muss, ist das Kreuztragen. Die Last des Bruders, die ich zu tragen habe, ist nicht nur dessen äußeres Geschick, dessen Art und Veranlagung, sondern sie ist im eigentlichsten Sinne seine Sünde. Ich kann sie nicht anders tragen, als indem ich sie ihm vergebe, in der Kraft des Kreuzes Christi, dessen ich teilhaftig geworden bin. So stellt der Ruf Jesu zum Kreuztragen jeden Nachfolgenden in die Gemeinschaft der Sündenvergebung. Sündenvergebung ist gebotenes Christusleiden des Jüngers. Es ist allen Christen auferlegt.

Ausgeliefert werden

> *„Siehe, die Stunde ist hier, dass des Menschen Sohn in der Sünder Hände überantwortet wird. Stehet auf, lasst uns gehen! Siehe, er ist da, der mich verrät! Und als er noch redete, siehe, da kam Judas, der Zwölfe einer, und mit ihm eine große Schar mit Schwertern und mit Stangen, von den Hohenpriestern und Ältesten des Volks. Und der Verräter hatte ihnen ein Zeichen gegeben und gesagt: Welchen ich küssen werde, der ist's; den greifet! Und alsbald trat er zu Jesu und sprach: Gegrüßet seist du, Rabbi! und küsste ihn. Jesus aber sprach zu ihm: Mein Freund, warum bist du gekommen? Da traten sie hinzu und legten die Hände an Jesum und griffen ihn"* (Mt 26, 45b–50).

Ein Geheimnis hatte Jesus seinen Jüngern bis zum letzten Abendmahl verborgen. Zwar hatte er sie nicht im Unklaren gelassen über seinen Leidensweg. Zwar hatte er ihnen dreimal bezeugt, dass des Menschen Sohn überantwortet werden muss in die Hände der Sünder. Aber das tiefste Geheimnis hatte er ihnen noch nicht offenbart. Erst in der Stunde letzter Gemeinschaft beim heiligen Abendmahl konnte er es ihnen sagen: Des Menschen Sohn wird überantwortet in die Hände der Sünder – durch Verrat. Einer unter euch wird mich verraten.

Die Feinde allein können keine Macht über ihn gewinnen. Es gehört ein Freund dazu, ein nächster Freund, der ihn preisgibt, ein Jünger, der ihn verrät. Nicht von außen geschieht das Furchtbarste, sondern von innen. Der Weg Jesu nach Golgatha nimmt seinen Anfang mit Jüngerverrat. Die einen schlafen jenen unbegreiflichen Schlaf in Gethsemane, einer verrät ihn, zum Schluss *„verließen ihn alle Jünger und flohen"*.

Die Nacht von Gethsemane vollendet sich. *„Siehe, die Stunde ist hier"* – jene Stunde, die Jesus vorhergesagt hatte, von der die Jünger seit Langem wussten, und vor deren Eintreten sie bebten, jene Stunde, auf die sich Jesus so ganz bereitet und für die die Jünger so ganz und gar unbereitet waren, die Stunde, die nun mit keinem Mittel der Welt mehr hinauszuschieben war – *„Siehe, die Stunde ist hier, dass des Menschen Sohn in der Sünder Hände überantwortet wird"*.

„Überantwortet" sagt Jesus, das heißt, es ist nicht die Welt, die über ihn Macht gewinnt, sondern jetzt wird Jesus von den Seinen selbst ausgeliefert, preisgegeben, aufgegeben. Der Schutz wird ihm aufgesagt. Man will sich nicht weiter mit ihm belasten: Lasst ihn den Andern. Das ist es, Jesus wird weggeworfen, die schützenden Hände der Freunde sinken. Mögen nun die Hände der Sünder mit ihm tun, was sie wollen. Mögen sie ihn antasten, deren unheilige Hände ihn nie berühren durften. Mögen sie mit ihm spielen, ihn [ver]spotten und schlagen. Wir können nichts mehr daran ändern. Das heißt Jesus überantworten: nicht mehr für ihn eintreten, ihn dem Spott und der Macht der Öffentlichkeit preisgeben, die Welt mit ihm umgehen lassen nach ihrem Mutwillen, nicht mehr zu ihm stehen. Jesus wird von den Seinen der Welt ausgeliefert. Das ist sein Tod.

Das Kreuz tragen

Wie aber soll der Jünger wissen, was sein Kreuz ist? Er wird es empfangen, wenn er in die Nachfolge des leidenden Herrn eintritt, er wird in der Gemeinschaft Jesu sein Kreuz erkennen.
So wird das Leiden zum Kennzeichen der Nachfolger Christi. Der Jünger ist nicht über seinen Meister. Nachfolge ist passio passiva, Leidenmüssen. So hat Luther unter die Zeichen der rechten Kirche das Leiden zählen können. [...] Wer sein Kreuz nicht aufnehmen will, wer sein Leben nicht zum Leiden und zur Verwerfung durch die Menschen geben will, der verliert die Gemeinschaft mit Christus, der ist kein Nachfolger. Wer aber sein Leben in der Nachfolge verliert, im Kreuztragen, der wird es in der Nachfolge selbst, in der Kreuzesgemeinschaft mit Christus wiederfinden. Das Gegenteil zur Nachfolge ist das Sichschämen Christi, sich des Kreuzes schämen, das Ärgernis am Kreuz.
Nachfolge ist Bindung an den leidenden Christus. Darum ist das Leiden der Christen nichts Befremdliches. Es ist vielmehr lauter Gnade und Freude. Die Akten der ersten Märtyrer der Kirche bezeugen es, dass Christus den Seinen den Augenblick des höchsten Leidens verklärt durch die unbeschreibliche Gewissheit seiner Nähe und Gemeinschaft. So wurde ihnen mitten in der furchtbarsten Qual, die sie um ihres Herrn willen ertragen, die höchste Freude und Seligkeit seiner Gemeinschaft zu-

teil. Das Tragen des Kreuzes erwies sich ihnen als die einzige Überwindung des Leidens. Das aber gilt für alle, die Christus nachfolgen, weil es für Christus selbst galt.

> *„Jesus ging hin ein wenig, fiel nieder auf sein Angesicht und betete und sprach: Mein Vater, ist's möglich, so gehe dieser Kelch von mir; doch nicht, wie ich will, sondern wie du willst! ... Zum andernmal ging er wieder hin, betete und sprach: Mein Vater, ist's nicht möglich, dass dieser Kelch von mir gehe, ich trinke ihn denn, so geschehe dein Wille!"* (Mt 26,39 u. 42).

Jesus bittet den Vater, der Kelch möge vorüber gehen, und der Vater erhört die Bitte des Sohns. Der Kelch des Leidens wird an Jesus vorübergehen, aber allein darin, dass er getrunken wird. Das weiß Jesus, als er in Gethsemane zum zweiten Male niederkniet, dass das Leiden vorübergehen wird, indem er es erleidet. Allein durch das Tragen wird er das Leiden überwinden und besiegen. Sein Kreuz ist seine Überwindung.

Mit Gott versöhnt

Leiden ist Gottferne. Darum kann der, der in der Gemeinschaft Gottes steht, nicht leiden. Jesus hat diesen Satz des Alten Testaments bejaht. Darum gerade nimmt er das Leiden der ganzen Welt auf sich und überwindet es darin. Er trägt die ganze Gottferne. Eben darin, dass er den Kelch trinkt, geht er vorüber. Jesus will das Leiden der Welt überwinden, darum muss er es ganz auskosten. So bleibt zwar das Leiden Gottferne, aber in der Gemeinschaft des Leidens Jesu Christi ist das Leiden durch Leiden überwunden, ist Gottesgemeinschaft gerade im Leiden geschenkt. Das Leiden muss getragen werden, damit es vorübergeht. Entweder die Welt muss es tragen und daran zugrundegehen, oder es fällt auf Christus und wird in ihm überwunden. So leidet Christus stellvertretend für die Welt. Allein sein Leiden ist erlösendes Leiden. Aber auch die Gemeinde weiß nun, dass das Leiden der Welt einen Träger sucht. So fällt in der Nachfolge Christi das Leiden auf sie, und sie trägt es, indem sie selbst von Christus getragen ist. Stellvertretend steht die Gemeinde Jesu Christi für die Welt vor Gott, indem sie nachfolgt unter dem Kreuz.

Gott ist ein Gott des Tragens. Der Sohn Gottes trug unser Fleisch, er trug darum das Kreuz, er trug alle unsere Sünden und schuf durch sein Tragen Versöhnung. So ist auch der Nachfolger zum Tragen berufen. Im Tragen besteht das Christsein. Wie Christus im Tragen die Gemeinschaft des Vaters bewahrt, so ist das Tragen des Nachfolgenden Gemeinschaft mit Christus. Der Mensch kann die ihm auferlegte Last auch abschütteln. Aber er wird damit nicht von der Last überhaupt frei, sondern er trägt nun eine viel schwerere, unerträglichere Last. Er trägt das selbstgewählte Joch seiner selbst. Jesus hat alle, die mit mancherlei Leiden und Lasten beladen sind, gerufen, ihr Joch abzuwerfen und sein Joch auf sich zu nehmen, das sanft, und seine Last, die leicht ist. Sein Joch und seine Last ist das Kreuz. Unter diesem Kreuz zu gehen ist nicht Elend und Verzweiflung, sondern Erquickung und Ruhe für die Seelen, ist höchste Freude. Hier gehen wir nicht mehr unter selbstgemachten Gesetzen und Lasten, sondern unter dem Joch dessen, der uns kennt und der selbst mit unter dem Joch geht. Unter seinem Joch sind wir seiner Nähe und Gemeinschaft gewiss. Er selbst ist es, den der Nachfolgende findet, wenn er sein Kreuz aufnimmt.

OSTERN

Der Tod ist zerbrochen

Was suchet ihr den Lebendigen bei den Toten?
Er ist nicht hier; er ist auferstanden
(Lk 24, 5b–6a).

Das Geheimnis der Auferstehung

Beweis für die Totenauferstehung ist nicht eine Lehre, nicht Spiritismus, sondern Christus der Auferstandene. Er allein ist der Beweis, weil er das Unumstößlichste von allem Wirklichen ist. Daran bestand kein Zweifel. Christus der Auferstandene war der Anfang vom Ende, ja der Anfang der neuen Welt; von daher war die ganze Welt anders. Christus der Auferstandene ist allein der Beweis, weil in ihm Gott an uns handelt; weil alles an Christus für uns ist; weil Christus nicht einer unter anderen ist, sondern seine Liebe, Vergebung, Gerechtigkeit, Auferstehung für uns geschieht! Ist Christus mit Leib und Seele auferstanden, so hat Gott das für uns getan; der Tod ist für uns zerbrochen, unser Leib und Seele der Auferstehung teilhaftig. Lebt Christus, so leben die Toten. Denn Christus ist für uns tot und lebendig. In der urchristlichen Gemeinde gab es noch gemeinsame Voraussetzungen. So war der Beweis wirklich ein Beweis! Damals: Sucht nicht nach falschen Beweisen! Es gibt nur einen Beweis, den habt ihr ja schon! Christus ist auferstanden – unmöglich, hieran zu zweifeln.
Unmöglich! Dies „Unmöglich" muss ins Licht treten. Setzen wir das Unmögliche doch voraus: „Ist aber Christus nicht auferstanden". Kaum ist dies Wort gesprochen, müssen dem glaubenden Hörer die Sinne vergehen. Alles stürzt zusammen. Unausdenkbar, was folgen würde. Paulus aber zwingt in diesen entsetzlichen Zweifel an der sichersten Voraussetzung.

Nur mit Schaudern lassen wir uns in die folgenden Sätze hineinzwingen: Glauben vergeblich, Predigt vom Auferstandenen, Predigt des Evangeliums vergeblich. Glaube war damals Wagnis, Entscheidung, Gefahr für Leib und Leben, Einsatz, Zucht, Nachfolge unter der Voraussetzung: Christus richtet und kommt wieder! Und das vergeblich? Dann ist der Prediger ein Lügner und Gotteslästerer, Paulus ein Verdammter. Glaube vergeblich? Dann ist Gnade eine Illusion, Leben der Gemeinde sinnlos; die Hoffnung der Toten hinge an einer Lüge; wir sind die Elendesten unter den Menschen; unsere ganze Existenz hängt daran.
Das ist ein zweiter, indirekter Beweis: Eure ganze Existenz ist sonst nichts, elend, verloren. In diesem Leben gibt uns Christus nichts als die Hoffnung auf die Auferstehung. Von dieser Hoffnung allein leben wir. Ein großes Lob, das Paulus seiner Gemeinde gibt. Würde er uns auch so sagen: „Euer Leben hängt an der Auferstehung"? Das atemberaubende „Unmöglich" ist zu Ende: Die Toten stehen auf! Warum? Weil Christus lebt. Lebt aber Christus nicht, so lebt ihr auch nicht. Christus lebt, also leben auch die Toten. Seht auf Christus allein und der Beweis ist gelungen, euer Zweifel zerstört. Seht, wie er zusammenbricht. Christus ist euer Leben, der Lebendigen und der Toten.

DIETRICH BONHOEFFER, DIE „NACHFOLGE" UND DAS PREDIGERSEMINAR IN FINKENWALDE

„Der Sommer 1935 ist für mich, glaube ich, die beruflich und menschlich ausgefüllteste Zeit bisher gewesen."[1] So schrieb Dietrich Bonhoeffer (1906–1945) Ende 1935 in einem Rundbrief an die Teilnehmer des ersten Finkenwalder Vikarskurses. Zunächst in Zingst und dann in Finkenwalde hielt Bonhoeffer Vorlesungen über die Bergpredigt und die Nachfolge. Für die angehenden evangelischen Pfarrer der Bekennenden Kirche wurden diese Vorlesungen „zu einer atemberaubenden Überraschung. Sie spürten plötzlich, dass sie nicht zum Erlernen einiger neuer Predigt- und Unterrichtstechniken hergekommen waren [...]".[2] Die Bergpredigt und der Auftrag, Jesus nachzufolgen, waren zum Zentrum von Bonhoeffers Theologie geworden.

Dietrich Bonhoeffer mit Vikaren des Predigerseminars

Die Anfänge von Bonhoeffers Buch „Nachfolge" reichen bis in seine Zeit als Stipendiat 1930/31 in New York zurück. Doch zunächst war er enttäuscht. „Man kann in New York fast über alles predigen hören, nur über eines nicht oder doch so selten, dass es mir jedenfalls nicht gelungen ist, es zu hören, nämlich über das Evangelium Jesu Christi, vom Kreuz, von Sünde und Vergebung, von Tod und Leben."[3] Positiv überraschte ihn die afroamerikanische Gemeinde der Abyssinian Baptist Church in Harlem. In diesem von der schwarzen Unterschicht geprägten Milieu erlebte er eine kraftvolle Predigt des Evangeliums. Einige Jahre später äußerte sich Bonhoeffer über diese Zeit: „Ich kam zum ersten Mal zur Bibel. Das ist [...] sehr schlimm zu sagen. Ich hatte schon oft gepredigt, ich hatte schon viel von der Kirche gesehen, darüber geredet und geschrieben – und ich war noch kein Christ geworden. [...] Ich hatte auch nie, oder doch sehr wenig gebetet. [...] Daraus hat mich die Bibel befreit und insbesondere die Bergpredigt. Seitdem ist alles anders geworden. Das habe ich deutlich gespürt und sogar andere Menschen um mich herum."[4]

Vikare bei der Bibelarbeit in Finkenwalde

Aus den USA kehrte ein Bonhoeffer zurück, der zu einem persönlichen Christusglauben gefunden hatte. Bonhoeffer beschäftigte sich nun intensiv mit der Bibel. Das war verbunden mit zwei neuen theologischen Erkenntnissen: „zum einen eine neue Sicht der Bibel als persönlicher Anrede Gottes, als ‚Liebesbrief Gottes', zum anderen [...] ‚die Kompromisslosigkeit eines Lebens nach der Bergpredigt in der Nachfolge Christi', die sich für ihn im Engagement für ‚Frieden und die soziale Gerechtigkeit, oder eigentlich Christus' konkretisierte".[5] Bonhoeffer besuchte jeden Sonntag den Gottesdienst. So oft wie möglich ging er zum Abendmahl. Mit seinen Studenten an der Berliner Universität unternahm er Wochenendausflüge, die ein geistlicher Tagesrhythmus mit Meditation und Stundengebet prägte. Hier legte Bonhoeffer die Grundlagen für das spätere Zusammenleben im Predigerseminar. Und auch während der Zeit seines Auslandspfarramtes in London von 1933 bis 1935 beschäftig-

Dietrich Bonhoeffer und Eberhard Bethge am 18. August 1936 bei der Abfahrt in Finkenwalde zur ökumenischen Konferenz in Chamby (Schweiz)

te er sich intensiv mit der Bergpredigt und brachte erste Teile der „Nachfolge" zu Papier.
Im April 1935 verließ Bonhoeffer London, um die Leitung eines von fünf Predigerseminaren der Bekennenden Kirche in Zingst an der pommerschen Ostseeküste zu übernehmen. Ihm bot sich nun sowohl die Möglichkeit, die Gedanken zur Nachfolge an die angehenden Pfarrer weiterzugeben als auch zur praktischen Umsetzung im Zusammenleben mit ihnen.

Der Eingang zum Predigerseminar in Finkenwalde

Nach dem Interim in Zingst fand das Predigerseminar in Finkenwalde (heute: Zdroje), einem Vorort südöstlich von Stettin (heute: Szczecin) gelegen, eine dauerhaftere Bleibe. Das Predigerseminar wurde im zuletzt als Privatschule genutzten Gutshaus eingerichtet. Zum Gutshaus gehörten auch eine Turnhalle aus der Schulzeit und ein Park mit einer Kiesgrube. Das Herrenhaus befand sich in einem erbärmlichen Zustand und musste von den Seminaristen erst bewohnbar gemacht werden. Trotzdem hielt Dietrich Bonhoeffer schon am 26. Juni 1935 in dem noch nicht eingerichteten Haus seine erste Vorlesung.

Die Kapelle des Predigerseminars in Finkenwalde

Vor allem der Landadel (Familien von Bismarck und von Wedemeyer) unterstützte das Predigerseminar. So konnte die Turnhalle zur Kapelle umgestaltet werden. Ruth von Kleist-Retzow (1867–1945), die Großmutter von Bonhoeffers späterer Verlobter Maria von Wedemeyer (1924–1977), besuchte ab Herbst 1935 regelmäßig die Gottesdienste in Finkenwalde. Bauern von den umliegenden Höfen brachten Lebensmittel für die angehenden Pfarrer. Dietrich Bonhoeffer stiftete die Bibliothek, darunter auch eine wertvolle Ausgabe der Lutherschriften aus Familienbesitz.

Vikare beim Fahrradausflug

Der Tagesablauf in Finkenwalde hatte eine klare Struktur. So erinnerte sich Albrecht Schönherr (1911–2009), der spätere Bischof von Berlin-Brandenburg: „Bonhoeffer verlangte von uns, dass wir vor der Morgenandacht kein einziges Wort miteinander sprachen. Das erste Wort des Tages sollte Gottes Wort sein."[6] Nach der etwa 45-minütigen Andacht, die am großen Esstisch stattfand, folgte das Frühstück. Im Anschluss daran meditierten die Seminaristen eine halbe Stunde über einen Bibelvers. Eine Woche lang jeden Tag über denselben Vers. Das war für viele neu und gewöhnungsbedürftig. Danach begannen die Vorlesungen. Am Mittag traf man sich, um Choräle zu singen. Nachmittags und am Abend standen ge-

Ausflug an den Strand auf der Insel Wollin

Dritter Finkenwalder Kurs, Abschluss: 16.08.1936. Reihe 1 v. l.: Georg Wichmann, Rudi Kühn, O. K. Lerche, Herbert Rabius, Joachim Lent, Alfred Richter, Fritz Onnasch. Reihe 2 v. l.: Gustav Seydel, Klaus Block, Günther Wetzel, Erich Schumacher, Gerhard Riemer, Günter Christ, K. F. Müller. Reihe 3 v. l.: Horst Thurmann, R. Meinhof, August Tetsch, Götz Grosch, ***Wolfgang Marzahn****, Theodor Maaß, Horst Lekszas oder Lekcsas. Reihe 4 v. l.: Willi Rott, Hans Matiwe,* ***Dietrich Bonhoeffer****, Martin Müller, Wilhelm Reimers, W. D. Zimmermann, H. O. Schuman(n).*

meinsame Unternehmungen wie Wandern, Fußball oder Tischtennis auf dem Programm. Gegen 22 Uhr endete der Tag mit einer gemeinsamen Andacht. Einmal im Monat versammelte sich die Hausgemeinde sonnabends zu einer Abendmahlsfeier. Wichtig war Bonhoeffer auch die Wiederbelebung der persönlichen Beichte. Dabei war die Absolution für ihn nicht an einen Pfarrer gebunden.

Dorfkirche in Zettin – hier war Wolfgang Marzahn 1935/36 Vikar und von 1942 bis 1945 letzter Pfarrer vor der Vertreibung

Die Zeit des Zusammenlebens im Predigerseminar in Finkenwalde wird lebendig durch einen Dachbodenfund. Wolfgang Marzahn (1911–1988), Teilnehmer des dritten Finkenwalder Kurses und später Pfarrer in Zettin (Kr. Rummelsburg), Gadenstedt (Kr. Peine) und Hildesheim,[7] hinterließ ein Fotoalbum, das seine Kinder in seinem Nachlass entdeckten. Die darin enthaltenen Bilder zeigen die Vikare bei der Bibelarbeit, bei Ausflügen mit dem Fahrrad oder an die Ostsee. Immer wieder ist auch Dietrich

Dietrich Bonhoeffer beim Tischtennisspiel

Bonhoeffer darauf zu entdecken. Trotz der äußeren Bedrängnisse und Probleme war das Zusammenleben gelassen und fröhlich, und auch Dietrich Bonhoeffer stand mit an der Tischtennisplatte.

An Karl Barth (1886–1968) schrieb Dietrich Bonhoeffer: „Die Arbeit im Seminar macht mir Freude. Wissenschaftliche und praktische Arbeit sind schön miteinander verbunden. [...] Dass aber sowohl theologische Arbeit wie auch wirkliche seelsorgerliche Gemeinschaft nur erwachsen kann in einem Leben, das durch morgendliche und abendliche Sammlung um das Wort, durch feste Gebetszeit bestimmt ist, ist gewiss ..."[8]

Ausflug nach Misdroy (Insel Wollin) im Sommer 1936

Im Sommer 1937 leitete Bonhoeffer den fünften Sechsmonatskurs in Finkenwalde. Er befand sich noch im Urlaub, als das Predigerseminar im September 1937 von der Gestapo geschlossen wurde. Bonhoeffers Versuche, die Schließung aufzuheben, misslangen.
Nach dem Ende des Sommersemesters begann Dietrich Bonhoeffer damit, aus seinen Vorlesungsunterlagen ein Buchmanuskript zu erstellen. Als das Predigerseminar geschlossen wurde, befand sich das Manuskript der „Nachfolge" schon beim Chr. Kaiser Verlag in München und erschien Ende 1937 in erster und 1940 in zweiter Auflage.
Nach der Schließung des Seminars in Finkenwalde richtete Bonhoeffer ab Ende 1937 in verschiedenen Orten Hinterpommerns Sammelvikariate ein. Man suchte Gemeinden, deren Pfarrer der Bekennenden Kirche gewogen waren und unterstellte ihnen mehrere Lehrvikare. Die

Dorfkirche in Groß Schlönwitz

Gedenkstein im „Dietrich-Bonhoeffer-Garten der Stille und Meditation" in Stettin

Vikare wohnten, ähnlich wie in Finkenwalde, in einer bis zu zehn Personen umfassenden Wohngemeinschaft. So konnte die Pfarrerausbildung der Bekennenden Kirche noch bis 1940 in Groß Schlönwitz, Köslin, Schlawe und Sigurdshof fortgesetzt werden. Insgesamt 184 Vikare wurden in Finkenwalde und den Sammelvikariaten ausgebildet. Die angehenden Pfarrer mussten damit rechnen, weder ein Gehalt noch eine feste Anstellung zu bekommen. Trotzdem waren sie diesen Weg der Nachfolge gegangen und bereit, für die Erneuerung der Kirche zu arbeiten und Nachteile auf sich zu nehmen.

Vom ehemaligen Predigerseminar in Finkenwalde blieben keine Gebäude erhalten, das Gelände wird heute durch die evangelische Stettiner Dreifaltigkeitsgemeinde betreut. Im Jahr 2012 konnte der „Dietrich-Bonhoeffer-Garten der Stille und Meditation" („Ogród ciszy i medytacji Dietricha Bonhoeffera") eröffnet werden. So halten nun neben Bonhoeffers „Nachfolge" auch ein Gedenkweg, ein Kreuz und eine Gedenktafel die Erinnerung an das Predigerseminar Finkenwalde wach.

ANMERKUNGEN

1 Dietrich Bonhoeffer, Werke (DBW), Bd. 14, Illegale Theologenausbildung: Finkenwalde 1935–1937. Hrsg. v. Otto Dudzus u. Jürgen Henkys in Zusammenarbeit mit Sabine Bobert-Stützel, Dirk Schulz u. Ilse Tödt. Gütersloh 1996, S. 97f.
2 Eberhard Bethge, Dietrich Bonhoeffer. Theologe – Christ – Zeitgenosse. Eine Biographie, Gütersloh 9. Aufl. 2005, S. 515.
3 DBW, Bd. 10, Barcelona, Berlin, Amerika. 1928–1930. Hrsg. v. Reinhard Staats u. Hans Christoph von Hase in Zusammenarbeit mit Holger Roggelin u. Matthias Wünsche. Gütersloh 1991, S. 272.
4 DBW, Bd. 14, S. 113.
5 Dietrich Bonhoeffer, Nachfolge. Hrsg. u. mit einer Einführung versehen v. Peter Zimmerling, Gießen 2016, S. 9.
6 Albrecht Schönherr. In: Martin Doblmeier, Bonhoeffer. Pastor, Pacifist, Nazi Resister. A documentary film by Martin Doblmeier, vor 2003. Princeton University. Unveröffentlichtes Filmmaterial. Zitiert nach: Eric Metaxas, Bonhoeffer. Pastor, Agent, Märtyrer und Prophet. Holzgerlingen 6. Aufl. 2014, S. 331.
7 Dirk Klingner, Wolfgang Marzahn. Ein Pastor und Zeichner aus Pommern. In: Pommern. Zeitschrift für Kultur und Geschichte 57 (2019), Nr. 1, S. 38–46.
8 DBW, Bd. 14, S. 236ff.

TEXT- UND ABBILDUNGSNACHWEIS

Dietrich Bonhoeffer, Werke, Bd. 4, Nachfolge. Hrsg. von Martin Kuske Otto und Ilse Tödt. Gütersloh 1989, S. 45–50 (Aschermittwoch und Woche nach Aschermittwoch), S. 59–67 (1. Fastenwoche), S. 99–110 (2. Fastenwoche), S. 110–114, 121–125, 129, 131, 133–134 (3. Fastenwoche), S. 157–166 (4. Fastenwoche), S. 167–175 (5. Fastenwoche), S. 77–82 (Palmsonntag bis Mittwoch der Karwoche), S. 82–84 (Karfreitag und Karsamstag).
Dietrich Bonhoeffer, Werke, Bd. 14, Illegale Theologenausbildung: Finkenwalde 1935–1937. Hrsg. von Otto Dudzus und Jürgen Henkys in Zusammenarbeit mit Sabine Bobert-Stützel, Dirk Schulz und Ilse Tödt. Gütersloh 1996, S. 973–974 (Gründonnerstag), S. 355–357 (Ostersonntag).

S. 116–125: © Nachlass Wolfgang Marzahn
S. 126: © Dr. Jürgen Lux
S. 127: © Concord, CC BY-SA 3.0 (via Wikimedia Commons)

Die verwendeten Bibelzitate entstammen der Luther-Übersetzung von 1912. Für „Nachfolge" wurden sie von Dietrich Bonhoeffer leicht bearbeitet.